Ayat Salem

Desafios da adoção da computação em nuvem

Estudo de caso: Administração pública eletrónica da Jordânia

ScienciaScripts

Imprint

Any brand names and product names mentioned in this book are subject to trademark, brand or patent protection and are trademarks or registered trademarks of their respective holders. The use of brand names, product names, common names, trade names, product descriptions etc. even without a particular marking in this work is in no way to be construed to mean that such names may be regarded as unrestricted in respect of trademark and brand protection legislation and could thus be used by anyone.

Cover image: www.ingimage.com

This book is a translation from the original published under ISBN 978-620-2-07608-1.

Publisher:
Sciencia Scripts
is a trademark of
Dodo Books Indian Ocean Ltd. and OmniScriptum S.R.L publishing group

120 High Road, East Finchley, London, N2 9ED, United Kingdom
Str. Armeneasca 28/1, office 1, Chisinau MD-2012, Republic of Moldova, Europe
Printed at: see last page
ISBN: 978-620-7-92608-4

Reconhecimento

Obrigado a Alá por me ter dado a oportunidade de aprender.

Gostaria de agradecer ao Prof. Mohammad Hamdan pela sua ajuda e conselhos constantes.

Gostaria também de agradecer a todos os professores e amigos do Amman College, especialmente ao Dr. Feras AlShalabi; sem a sua participação e contributo, este estudo não poderia ter sido realizado com êxito

Agradeço ao Fundo de Investigação Científica pela bolsa que me concederam durante o meu mestrado.

Obrigado a todos.

Com os melhores cumprimentos,
Ayat

Índice

Lista de símbolos e abreviaturas 3

Resumo.. 4

Capítulo 1 5

Capítulo 2 18

Capítulo 3 41

Capítulo 4 47

Capítulo 5 68

Referências 74

Apêndice A 83

Apêndice B 84

Apêndice C 102

Lista de símbolos e abreviaturas

Abbreviation	Meaning
CRM	Customer Relationship Management
DaaS	Desktop as a Service
EC2	Elastic Compute Cloud
ERP	Enterprise Resource Planning
G2B	Government to Business
G2C	Government to Citizen
G2E	Government to Employee
G2G	Government to Government
IaaS	Infrastructure as a Service
ICT	Information and Communication Technologies
MIS	Management Information Systems
MOICT	The Ministry of Information and Communications Technology
NGO	Non-Government Organizations
NIST	National Institute of Standards and Technology
PaaS	Platform as a Service
S3	Simple Storage Service
SaaS	Software as a Service
SLA	Service Level Agreement
TAM	Technology Acceptance Model
VM	Virtual Machine

Resumo

A influência dos desafios da adoção da computação em nuvem nos serviços de administração pública em linha na Jordânia

O objetivo deste estudo é compreender a influência dos desafios da adoção da computação em nuvem nos serviços de administração pública em linha na Jordânia. Para o efeito, foi desenvolvido um modelo em que o efeito de cinco dimensões dos desafios da adoção da computação em nuvem como variável independente (segurança e privacidade, qualidade do serviço, acessibilidade, disponibilidade e integração) em quatro factores dos serviços de administração pública em linha como variável dependente (benefício da utilização, facilidade de acesso, interatividade e personalização e flexibilidade).

Os ministérios e as instituições governamentais jordanos que começaram a utilizar a tecnologia de computação em nuvem foram seleccionados como campo de estudo. A população do estudo é constituída por funcionários de nível superior, intermédio e operacional dos departamentos de gestão da informação e dos departamentos de governo eletrónico de (12) ministérios e instituições governamentais, sendo o número total de funcionários envolvidos nestes ministérios e instituições governamentais de (163). Foi realizado um método de inquérito abrangente para cobrir a população-alvo.

Além disso, o investigador elaborou um questionário composto por (56) perguntas divididas em dez secções principais e utilizou-o como instrumento para recolher os dados necessários à realização do estudo. Foram distribuídos (163) questionários a todos os funcionários envolvidos, mas (98) foram devolvidos e utilizados neste estudo. Por fim, foi utilizado o pacote estatístico para as ciências sociais (SPSS) para analisar os dados recolhidos.

Em geral, verificou-se que os serviços de administração pública em linha na Jordânia foram influenciados pelos desafios da computação em nuvem, tendo o desafio da integração sido considerado o mais significativo que influencia os serviços electrónicos. No entanto, e apesar do facto de os outros quatro desafios influenciarem os serviços de administração pública em linha, foram ultrapassados, uma vez que surgiram nas fases iniciais da implementação da administração pública em linha.

O investigador recomendou que se desse elevada prioridade à integração das operações governamentais relacionadas com a colaboração eletrónica internacional e que se promovesse a sensibilização do público para os benefícios, os desafios e os riscos das tecnologias de computação em nuvem na administração pública.

Capítulo 1

Introdução

1.1 Introdução

A computação em nuvem é uma das tecnologias modernas que pode melhorar significativamente o funcionamento de um governo, os serviços que presta aos seus cidadãos e instituições e a sua cooperação com outros governos. Pode fazer uma revolução nos sistemas de administração pública eletrónica, em termos de poupança de custos e de utilização real e profissional dos recursos. A evolução da técnica de computação em nuvem abriu novas possibilidades para vários governos em todo o mundo. Devido às suas vantagens, muitos países lançaram serviços de administração pública eletrónica utilizando a computação em nuvem (Nasr et al., 2012).

A Jordânia investiu na tecnologia de computação em nuvem na administração pública eletrónica para prestar o serviço sob a forma de IaaS (Infraestrutura como serviço) desde 2014. O Ministério das Tecnologias da Informação e das Comunicações (MOICT) estabeleceu uma parceria com a Microsoft para reduzir os custos de criação de infra-estruturas institucionais do governo e torná-las mais seguras e fiáveis. A plataforma nacional de computação em nuvem é co-financiada pela Microsoft e pelo MOICT e apoiará a parceria estratégica positiva entre a Microsoft e o Governo da Jordânia.

Durante a primeira fase, as entidades governamentais disporão de um centro de dados consolidado, alimentado por tecnologias de nuvem, localizado no Centro Nacional de Tecnologias da Informação. Nas fases posteriores, espera-se que a plataforma sirva de centro de dados virtual para empresas em fase de arranque e pequenas e médias empresas (datacenterdynamics.com).

A Microsoft e o MOICT esperam que este passo reduza ativamente os custos e as despesas operacionais em 15 a 20% durante o primeiro ano e em 40 a 45% nos anos seguintes. Também permitirá ao governo da Jordânia assegurar a maximização da potência do servidor, centralizando as suas operações através de um centro de dados unificado. Está também a ser realizada uma investigação para estudar a influência dos desafios da adoção da computação em nuvem nos serviços de administração pública eletrónica na Jordânia (www.jordan.gov.jo).

1.2 Problema de estudo

Atualmente, a segurança tem sido considerada como um dos maiores problemas no desenvolvimento da computação em nuvem. A satisfação do utilizador é um fator crucial para a utilização contínua dos serviços de administração pública em linha e para o sucesso ou o fracasso dos projectos de administração pública em linha (Issa et al., 2010). Mesmo assim, há uma escassez de estudos empíricos centrados na adoção da computação em nuvem no contexto da administração pública em linha (Sallehudin et al., 2015), especialmente a nível da administração pública estatal, federal e privada. Para além disso, os poucos estudos que existem neste domínio carecem de fundamentação teórica e de apoio à investigação empírica (Buyya et al., 2009; Buyya et al., 2011; Dhar, 2012).

O principal desafio para os decisores jordanos é saber como será feita a adoção da computação em nuvem para a migração das técnicas actuais para a computação em nuvem em todas as instituições governamentais e quais são os desafios que se colocam a este processo até que os 90 ministérios e instituições governamentais adoptem e implementem plenamente a computação em nuvem.

No contexto do governo jordano, a computação em nuvem é um conceito novo e, para beneficiar da assimilação da computação em nuvem, é necessário realizar um trabalho de investigação antes de esta poder ser aceite e adoptada. O Ministério das Tecnologias da Informação e das Comunicações da Jordânia (MOICT) é o principal interveniente e o principal organismo do sector público jordano a desempenhar este papel. O facto é que os actuais sistemas e infra-estruturas de TIC funcionam muito bem numa base autónoma e hermética para as instituições governamentais. A adoção de novas tecnologias exige que alguns sistemas herdados no sector governamental sejam alterados, enquanto os novos sistemas e os sistemas existentes têm de ser integrados (MOICT, 2013).

O principal problema deste estudo é lançar luz sobre os desafios que se colocam à adoção da computação em nuvem na administração pública em linha e definir a influência desses desafios nos serviços de administração pública em linha na Jordânia. Por conseguinte, este estudo procura identificar os desafios que são considerados obstáculos à adoção da tecnologia de computação em nuvem no contexto da administração pública jordana e a influência desses desafios nos serviços electrónicos prestados pela administração pública na Jordânia.

1.3 Questões de estudo

As questões do estudo dependem do estado atual do processo de adoção da computação em nuvem e dos desafios que influenciam os serviços da administração pública eletrónica na Jordânia. As questões deste estudo são as seguintes:

1. Quais são os desafios que influenciam a adoção da computação em nuvem na Jordânia?

2. Qual é o nível de serviço dos serviços de administração pública em linha na Jordânia?

3. Qual é a influência dos desafios da adoção da computação em nuvem nos serviços de administração pública eletrónica na Jordânia?

1.4 Importância do estudo

A tecnologia da informação na Jordânia é utilizada para desenvolver um ambiente estável, mas recentemente uma série de factores contribuiu para mudanças dinâmicas rápidas neste domínio, entre os quais a computação em nuvem, que é uma tecnologia emergente na Jordânia. A computação em nuvem é considerada uma tecnologia atractiva quando as infra-estruturas ou o pessoal das tecnologias da informação não estão disponíveis ou são demasiado caros (Oliveira et al., 2016; Turab et al., 2013).

Os pontos seguintes representam a importância deste estudo

- O estudo procura investigar a influência dos desafios da adoção da computação em nuvem na Jordânia. Identifica a maioria das dimensões dos desafios da adoção da computação em nuvem e a forma como influenciam os serviços de administração pública em linha na Jordânia.

- Os resultados deste estudo ajudarão os decisores da administração pública em linha na Jordânia a compreender a influência dos desafios da computação em nuvem, a fim de adoptarem novas políticas e estratégias, novas dinâmicas, garantirem um crescimento contínuo e ultrapassarem este obstáculo, que ameaça este domínio. Além disso, os contributos deste estudo são úteis tanto para os académicos como para os profissionais. Ao mesmo tempo, estas conclusões permitirão ao governo jordano começar a avaliar as suas responsabilidades e os seus contributos para este sector na Jordânia.

- Do ponto de vista académico, este estudo pretende preencher a lacuna das cadeias causais incompletas entre diversas variáveis tecnológicas, organizacionais e ambientais na adoção da computação em nuvem e o papel de novas abordagens metodológicas que captam a natureza das decisões de investimento em TI, tais como a exploração de métodos de computação em nuvem. Além disso, o presente estudo não só fornece uma revisão holística da literatura existente sobre a computação em nuvem, como também, de acordo com o conhecimento do investigador, é considerado o primeiro estudo desta natureza a testar a cadeia causal das variáveis tecnológicas, organizacionais e ambientais na adoção da computação em nuvem.

- Do ponto de vista dos profissionais da indústria, este estudo interessa aos gestores de TI e aos gestores de empresas em termos das suas relações reais e para alcançar as melhores práticas de gestão das colaborações electrónicas nas empresas em que trabalham. Os quadros superiores das TI e das empresas devem também reconhecer os mecanismos adequados para transformar as suas preferências informáticas em decisões operacionais.

- Consequentemente, as conclusões esperadas podem fornecer orientações úteis e práticas aos gestores de TI e aos gestores de empresas para compreenderem os recursos e as condições necessárias para realizarem os valores potenciais dos seus investimentos em TI em termos de utilização da computação em nuvem.

1.5Objectivos do estudo

O objetivo desta investigação é estudar o problema dos desafios da adoção da computação em nuvem nos serviços da administração pública em linha na Jordânia e definir os desafios que se colocam a estes serviços electrónicos quando a administração pública adopta a computação em nuvem.

Os objectivos específicos desta investigação consistem em considerar as normas dos serviços de administração pública em linha como resultado da adoção da computação em nuvem através do seguinte

1. Aumentar o conhecimento sobre o efeito dos desafios da adoção da computação em nuvem em ministérios e instituições governamentais jordanos seleccionados?

2. Fornecer novos conhecimentos aos intervenientes governamentais no domínio das tecnologias da informação, a fim de ultrapassar os desafios que este sector enfrenta devido a desafios globais e locais e identificar e implementar coletivamente medidas que impulsionem o desempenho do sector e as suas exportações.

3. Examinar a aplicação de um modelo teórico através de um estudo empírico intenso que envolve trabalho de campo e explicar os principais factores com efeito significativo nos serviços de administração pública eletrónica em ministérios e instituições governamentais jordanos seleccionados.

4. Identificar e medir a influência dos desafios da adoção da computação em nuvem nos serviços de

administração pública eletrónica em ministérios e instituições governamentais jordanos seleccionados.

1.6 Modelo de estudo

O modelo de estudo foi desenvolvido para mostrar a variável dependente (serviços de administração pública eletrónica), a variável independente (desafios da adoção da computação em nuvem) e as relações entre estas variáveis e a forma como as hipóteses foram construídas. A variável dependente é de interesse para o investigador, para além das alterações à variável dependente. Neste modelo, tentar-se-á medir a alteração do nível dos serviços electrónicos influenciada pelos desafios da adoção da computação em nuvem.

Este modelo foi construído após uma pesquisa profunda e crítica utilizando a revisão da literatura no domínio dos desafios enfrentados pela adoção da computação em nuvem a nível global, regional e nacional. Além disso, foram realizadas entrevistas com alguns peritos no domínio da administração pública em linha na Jordânia, a fim de aumentar a fiabilidade e validar o estudo realizado. Em seguida, as hipóteses foram desenvolvidas a partir do modelo, dependendo das variáveis do modelo.

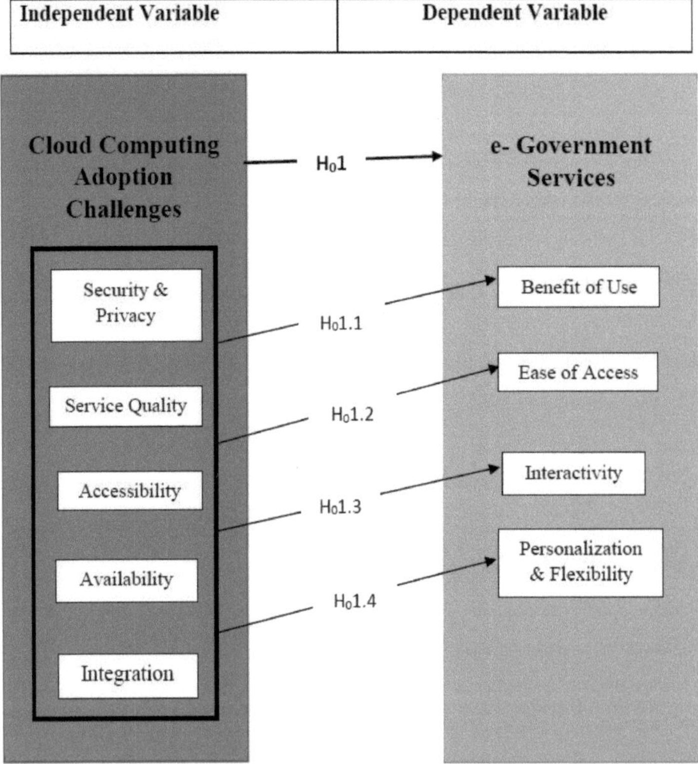

Figura 1.1: Modelo de estudo

O modelo de estudo apresentado na figura 1.1 explica a variável independente dos desafios da adoção da computação em nuvem e a variável dependente dos serviços da administração pública em linha. Além disso, o modelo de estudo mostra que o investigador está a tentar encontrar a causa e o efeito das variáveis de investigação, que são as seguintes

- A variável dependente serviços de governo eletrónico: representada por quatro dimensões (1) benefício de uso (Kaynama e Black, 2008; Chen, 200; Mas'adeh, 2016), (2) facilidade de acesso (Kaynama e Black, 2008; Killaly, 2011; Mas'adeh, 2016), (3) interatividade (Featherman et al, 2011; Alomari et al., 2012) e (4) personalização & flexibilidade (Zeithaml et al., 2002; Turab et al., 2013; Oliveira et al., 2016) é a variável a ser explicada o efeito da variável independente.

- A variável independente desafios da adoção da computação em nuvem: medida por cinco desafios (1) segurança e privacidade (Ramgovind et al., 2010; Padhy et al., 2011; Tehrani, 2013; Mohammed et al., 2016), (2) qualidade do serviço (Janda et al, 2002; Wei e Blake, 2010), (3) acessibilidade (Wang et al., 2008; Dillon e Chang, 2010), (4) disponibilidade (Vani e Priya, 2014; Mohammed et al., 2016), e (5) integração (Furht e Escalante, 2010) é a variável que se espera que seja responsável pela causa da influência na variável dependente.

- O desenvolvimento de hipóteses depende da relação entre as variáveis e do impacto estatisticamente significativo proposto da variável independente na variável dependente através de uma hipótese nula principal e quatro hipóteses secundárias, a examinar através de análises estatísticas.

1.7 Hipóteses

As hipóteses que constituem o modelo teórico proposto para o estudo são as seguintes

Hipótese principal

H$_0$ I: Não existe um impacto estatisticamente significativo dos desafios da adoção da computação em nuvem (segurança e privacidade, qualidade do serviço, acessibilidade, disponibilidade e integração) nos serviços de administração pública em linha na Jordânia ao nível significativo ($\alpha \leq 0{,}05$).

Hipóteses menores

H$_0$ 1.1: Não existe um impacto estatisticamente significativo dos desafios de adoção da computação em nuvem (segurança e privacidade, qualidade do serviço, acessibilidade, disponibilidade e integração) nos benefícios da utilização dos serviços de administração pública eletrónica na Jordânia ao nível significativo ($\alpha \leq 0{,}05$).

H$_0$ 1.2: Não existe um impacto estatisticamente significativo dos desafios da adoção da computação em nuvem (segurança e privacidade, qualidade do serviço, acessibilidade, disponibilidade e integração) na facilidade de acesso aos serviços de administração pública em linha na Jordânia ao nível significativo ($\alpha \leq 0{,}05$).

H$_0$ 1.3: Não existe um impacto estatisticamente significativo dos desafios da adoção da computação em nuvem (segurança e privacidade, qualidade do serviço, acessibilidade, disponibilidade e integração) na interatividade dos serviços de administração pública em linha na Jordânia ao nível significativo ($\alpha \leq 0{,}05$).

H$_0$ 1.4: Não há impacto estatisticamente significativo dos desafios de adoção da computação em nuvem (segurança e privacidade, qualidade do serviço, acessibilidade, disponibilidade e integração) na personalização e flexibilidade dos serviços de governo eletrónico na Jordânia ao nível significativo ($\alpha \leq 0,05$).

1.8 Definições operacionais

Computação em nuvem: A computação em nuvem é um modelo que permite o acesso à rede ubíquo, conveniente e a pedido a um conjunto partilhado de recursos de computação configuráveis (por exemplo, redes, servidores, armazenamento, aplicações e serviços) que podem ser rapidamente aprovisionados e libertados com um esforço mínimo de gestão ou de interação com o fornecedor de serviços. Este modelo de computação em nuvem é composto por cinco características essenciais, três modelos de serviço e quatro modelos de implantação. Características essenciais: Autoatendimento sob demanda, amplo acesso à rede, agrupamento de recursos, elasticidade rápida e serviço medido. Modelos de serviço: Software como serviço (SaaS), plataforma como serviço (PaaS) e infraestrutura como serviço (IaaS) (o modelo de serviço adaptado neste estudo). Modelos de implantação: nuvem privada (o modelo de implantação adaptado neste estudo), nuvem comunitária, nuvem pública e nuvem híbrida.

Segurança:

A segurança dos dados não absorve apenas a encriptação dos dados numa cifra ou código, mas também inclui a implementação e execução de políticas e regras adequadas para a partilha de dados, bem como a autenticação do utilizador autorizado que necessita de aceder aos dados. Inclui também a programação da cópia de segurança dos dados e o armazenamento cauteloso dos suportes de cópia de segurança. A segurança está implícita nestas capacidades, mas, além disso, existem preocupações básicas que requerem atenção e interesse.

Privacidade:

Direito à autodeterminação, ou seja, o direito dos indivíduos a "saberem o que se sabe sobre eles", a terem conhecimento da informação armazenada sobre eles, a controlarem a forma como essa informação é comunicada e a impedirem o seu abuso. Este direito não se limita à confidencialidade da informação. A proteção da informação pessoal (ou proteção de dados) deriva do direito à privacidade através do direito associado à autodeterminação. Cada indivíduo tem o direito de controlar os seus próprios dados, sejam eles privados, públicos ou profissionais.

Qualidade do serviço:

Uma avaliação do grau de adaptação de um serviço prestado às expectativas dos clientes. Os operadores de empresas de serviços avaliam frequentemente a qualidade do serviço prestado aos seus clientes, a fim de melhorar o desempenho dos seus serviços, identificar rapidamente os problemas e estimar melhor a satisfação dos clientes. Este objetivo pode ser alcançado através da compreensão, análise e melhoria dos processos operacionais e da identificação rápida e sistemática de problemas.

Acessibilidade:

Considerada como a "capacidade de aceder" e tirar partido de um sistema ou entidade. O conceito concentra-se em permitir o acesso a clientes com deficiência, ou com necessidades especiais, ou em permitir o acesso através da utilização de tecnologia de assistência; no entanto, a investigação e o desenvolvimento em matéria de acessibilidade trazem vantagens para todos.

Disponibilidade:

Trata-se de uma métrica que associa os conceitos de fiabilidade e de facilidade de manutenção. Dá a probabilidade de uma unidade estar disponível, sem fissuras e sem ser reparada quando é chamada a ser utilizada. As indústrias e os sectores de produção que dependem de determinadas peças importantes de equipamento têm grande interesse em poder simular e acompanhar a disponibilidade dessas máquinas. A estimativa da disponibilidade do sistema é mais frequentemente efectuada através de simulação.

Integração:

É o ato de reunir vários componentes mais pequenos num único sistema que funciona como um só. Num contexto de tecnologia da informação, a integração refere-se ao resultado final de um processo que tem por objetivo unir vários subsistemas, muitas vezes díspares, de modo a que os dados incluídos em cada um deles façam parte de um sistema maior e mais abrangente, que, idealmente, partilha rápida e facilmente os dados quando necessário.

Interatividade:

É tão simples como aceitar o input de um ser humano. Os sistemas informáticos interactivos são programas que permitem aos utilizadores humanos introduzir dados ou comandos. Os programas mais populares disponíveis, como os processadores de texto e as aplicações de folha de cálculo, utilizados no trabalho quotidiano, são interactivos. Nos computadores, a interatividade é o diálogo que ocorre entre um ser humano e um software de computador. Os programas que são executados sem a participação imediata do utilizador não são interactivos; são normalmente designados por programas em lote ou em segundo plano.

Personalização:

É o processo de personalização de páginas de acordo com as características, requisitos ou preferências de cada utilizador. Significa corresponder às necessidades do cliente de forma mais eficaz e eficiente, tornando as interacções mais rápidas, mais fáceis e, consequentemente, aumentando a satisfação do cliente. De certa forma, regressa a uma época anterior, ao tornar as relações com os clientes mais personalizadas para cada indivíduo.

Flexibilidade:

Este conceito abrange vários tipos de sistemas. Pode ser abordado como a capacidade de um sistema para responder a potenciais alterações internas ou externas que afectem a sua entrega de valor, de forma atempada e eficaz em termos de custos. Consequentemente, define-se como a facilidade com que o sistema pode responder à incerteza de forma a manter ou aumentar a sua entrega de valor.

1.9 Estudos anteriores

Nos estudos anteriores, os investigadores examinaram os desafios da adoção da computação em nuvem em diferentes fases e em vários países. O desafio da segurança constituiu a maior parte das suas preocupações. Outros investigadores apontaram outros desafios, como a qualidade do serviço, a acessibilidade e a disponibilidade. Além disso, muitos estudos estão cientes de que o nível dos serviços de administração pública em linha e a forma de ultrapassar os desafios afectam o nível dos serviços, como demonstrado nos estudos.

(Mohammed et al., 2016) no seu estudo intitulado "Modelo de adoção da computação em nuvem para a implementação da administração pública em linha; explorou os factores que influenciam a adoção da computação em nuvem como parte das alternativas das organizações do sector público para implementar serviços de administração pública em linha". No seu estudo, utilizaram um questionário estruturado com uma amostra de pessoal de TI empregado em organizações públicas no Iémen. Os resultados do estudo esclareceram a necessidade de considerar factores que afectam duas dimensões, a adequação e a viabilidade, para tomar uma decisão de adotar a computação em nuvem num contexto de administração pública em linha. A adequação da computação em nuvem às tarefas da administração pública em linha é afetada por factores como a vantagem relativa, a compatibilidade, a capacidade de experimentação e a segurança, mas não é afetada pela complexidade da tecnologia. Por outro lado, a viabilidade é influenciada por factores económicos e pela prontidão tecnológica, pela infraestrutura de TI e pela política e regulamentação em matéria de TI, ao passo que os resultados não corroboram a relação entre os factores organizacionais, como o apoio da gestão de topo e o conhecimento da nuvem, e a viabilidade.

Elena e Johnson (2015) desenvolveram um quadro no seu estudo intitulado "Factors influencing risk acceptance of Cloud Computing services in the UK Government; to understand perception and acceptance risks of cloud computing services". Concentraram-se nos factores susceptíveis de influenciar a adoção de tais serviços. Identificaram os factores que influenciam a aceitação dos riscos dos serviços de computação em nuvem e determinaram os riscos percebidos mais importantes dos serviços de computação em nuvem. Os participantes no estudo foram recrutados em três organizações governamentais do Reino Unido para participarem numa entrevista semi-estruturada. Os resultados mostraram que os factores mais importantes que influenciam a aceitação do risco dos serviços de computação em nuvem são: benefícios e oportunidades percebidos, cultura de risco da organização e riscos percebidos. Centraram-se nos riscos percebidos e nas preocupações de segurança percebidas. Com base nos resultados, sugeriram uma série de implicações para os gestores de riscos, os decisores políticos e os fornecedores de serviços de computação em nuvem.

(Turab et al., 2014), no seu estudo intitulado "Cloud Computing Challenges and Solutions" (Desafios e soluções da computação em nuvem), examinou a computação em nuvem, uma área emergente da tecnologia informática que beneficia do poder de processamento e dos recursos de computação de muitos computadores ligados e geograficamente distantes através da Internet. A computação em nuvem elimina a necessidade de dispor de uma infraestrutura completa de hardware e software para satisfazer as necessidades e aplicações dos utilizadores. Pode ser pensada ou considerada como uma externalização total ou parcial dos recursos de hardware e software. Para aceder às aplicações na nuvem, é necessária uma boa ligação à Internet e um programa de navegação na Internet normal. A computação em nuvem tem as suas próprias desvantagens do ponto de vista da segurança; o estudo teve como objetivo abordar a maioria destas ameaças e as suas possíveis soluções.

(Alshehri et al., 2014) no seu estudo intitulado "A Comprehensive Analysis of E-government services adoption in Saudi Arabia: Obstáculos e desafios no ensino superior"; realizaram um estudo que explorou os principais factores que influenciam a adoção de serviços de administração pública em linha na Arábia Saudita através de dados empíricos recolhidos por um inquérito distribuído a cidadãos sauditas, incluindo funcionários de TI de diferentes sectores públicos. Com base na análise dos dados obtidos, foi possível identificar alguns dos obstáculos e desafios mais importantes a partir destas diferentes perspectivas. Este estudo sugeriu uma lista de possíveis recomendações para o sector público e para os decisores políticos com vista à adoção bem sucedida de serviços de administração pública em linha na Arábia Saudita.

(Abu-Shanab, 2014), no seu estudo intitulado "Antecedentes da confiança nos serviços de administração pública em linha: um teste empírico na Jordânia", realizou um estudo que explorou a investigação sobre a adoção de tecnologia e propôs um modelo de antecedentes da confiança, em que a confiança no governo, a confiança na tecnologia, a qualidade da informação, a familiaridade com a Internet e as preocupações com a privacidade e a segurança são hipóteses que prevêem a confiança dos jordanos na administração pública em linha. Além disso, a confiança na administração pública em linha alargou a Teoria da Ação Fundamentada na previsão da intenção de utilizar a administração pública em linha. Propôs um modelo e tentou testá-lo empiricamente utilizando uma amostra de 759 jordanos que preencheram um inquérito constituído por itens que medem os construtos anteriormente mencionados. Os resultados apoiaram o modelo de investigação proposto, em que todas as variáveis propostas previam significativamente a intenção de utilizar os serviços de administração pública eletrónica. Além disso, uma estimativa dos mínimos quadrados parciais do modelo indicou uma previsão significativa da confiança na administração pública em linha por todas as variáveis propostas, exceto a construção da familiaridade com a Internet.

(Tweneboah-Koduah et al., 2014), no seu estudo intitulado "Barreiras à adoção da nuvem pelo governo: a perspetiva do Gana", utilizou entrevistas não estruturadas de agências governamentais seleccionadas no Gana para identificar os factores que inibem as aplicações da computação em nuvem nas agências governamentais. Verificou-se que os principais factores de inibição incluem a falta de infra-estruturas básicas para o arranque da computação em nuvem, a segurança dos dados, a falta de ligação fiável à Internet e a falta geral de preparação institucional.

(Alsharafat et al., 2014), no seu estudo intitulado "Jordanian Cloud-Government between Implementation and Challenges" (A administração pública em nuvem da Jordânia entre a implementação e os desafios), lançam luz sobre os conceitos de computação em nuvem e de administração pública em linha, numa tentativa de identificar os caminhos a seguir para implementar a computação em nuvem na administração pública em linha da Jordânia, através de um conjunto de etapas para superar os principais desafios desta adaptação.

(Stieninge, 2014), no seu estudo intitulado "Impacts on the organizational adoption of cloud computing: A reconceptualization of influencing factors in Austria'; analisou estudos empíricos relevantes sobre a computação em nuvem, que se baseiam em teorias para a adoção de inovações, como a teoria da Difusão da Inovação (DoI) e o Modelo de Aceitação de Tecnologia (TAM). Verificou-se que a tónica é colocada na análise dos factores "compatibilidade", "vantagem relativa", "complexidade", "imagem" e "segurança e confiança".

(Tan et al., 2014), no seu estudo intitulado "An Investigation of e-government Services in China", realizaram um estudo em três cidades da China (Pequim, Xangai e Shenzhen) para investigar o nível de sensibilização, utilização e satisfação dos serviços de administração pública em linha nestas cidades, a fim de compreender a adoção dos serviços de administração pública em linha. Concluíram que os serviços de administração pública em linha não estão assim tão avançados para responder às expectativas reais dos cidadãos. Finalmente, os autores recomendaram algumas medidas que podem melhorar a adoção de serviços de administração pública em linha nestas cidades.

(Zwattendorfer et al., 2013), no seu estudo intitulado "Cloud Computing in E-Government across Europe" (Computação em nuvem na administração pública eletrónica na Europa), realizaram um estudo para avaliar oito países europeus quanto à sua utilização da computação em nuvem na administração pública eletrónica. Descobriram que o modelo de implantação de computação em nuvem dominante nesses países é o G-Cloud (Governmental Cloud), que foi especialmente concebido para utilização governamental nacional. Como resultado, todos os modelos de serviços de computação em nuvem padrão (Infraestrutura, Plataforma e Software como Serviço) foram adoptados pela maioria dos países. Por último, metade dos países avaliados ancorou a computação em nuvem num único modelo.

(Ratten, 2012), no seu estudo intitulado "Entrepreneurial and ethical adoption behavior of cloud computing", sugeriu que uma orientação ética e empresarial mais elevada levará uma pessoa a adotar a computação em nuvem. Além disso, previu que o marketing, a aprendizagem e a expetativa de resultados de uma pessoa em relação à computação em nuvem incentivarão a sua intenção de adotar esta tecnologia. As previsões foram testadas através de um inquérito, que confirma que a ética e o marketing são importantes na intenção comportamental de uma pessoa em relação à inovação tecnológica.

(Simic et al., 2012), no seu estudo intitulado "Delivering mobile government services through cloud computing", investigaram os benefícios e as potencialidades que as tecnologias móveis podem acrescentar aos serviços de administração pública em linha. Sugeriram um modelo para a implementação de serviços governamentais móveis através de infra-estruturas de computação em nuvem. Além disso, apresentaram um quadro genérico para incentivar os profissionais da administração pública em linha a participarem no processo de conceção e desenvolvimento, a fim de criar mais serviços de administração pública em linha, documentar as boas práticas e definir mais estratégias para melhorar o envolvimento numa abordagem ubíqua através de dispositivos móveis.

No seu estudo intitulado "World of Cloud Computing & Security" **(Kumar, 2012)**, **Kumar** destacou o conceito de arquitetura da nuvem e comparou a computação em nuvem com a computação em rede. Além disso, abordaram as características e aplicações de várias plataformas de computação em nuvem. Este estudo teve como objetivo identificar os desafios e as questões da computação em nuvem. Por último, investigaram as preocupações de vários fornecedores de sistemas de computação em nuvem no que respeita à segurança e à privacidade.

(Alomari et al., 2012), no seu estudo intitulado "Predictors for e- government adoption in Jordan: Deployment of an empirical evaluation based on a citizen centric approach" (Preditores da adoção da administração pública eletrónica na Jordânia: implementação de uma avaliação empírica baseada numa abordagem centrada no cidadão), pretendiam participar no debate crescente sobre os factores que afectam a adoção da administração pública eletrónica na Jordânia. Por conseguinte, este estudo teve como objetivo apresentar um estudo para identificar os principais factores que influenciam a intenção dos cidadãos de adotar sítios Web da administração pública eletrónica na Jordânia, utilizando um quadro teórico constituído pela teoria da difusão da inovação (DOI) e pelo modelo de aceitação da tecnologia (TAM). Um estudo de inquérito a 400 cidadãos jordanos utilizadores da Internet investigou a influência dos factores supramencionados na adoção e utilização de sítios Web da administração pública em linha. Contrariamente à investigação anterior, a confiança na Internet, a vantagem relativa, a compatibilidade e a facilidade de utilização percebida não foram considerados factores de previsão significativos da intenção de utilizar os sítios Web da administração pública eletrónica. A confiança no governo, a conceção do sítio Web, as crenças, a complexidade e a utilidade percebida foram factores significativos na intenção dos cidadãos jordanos de utilizarem os sítios Web da administração pública em linha.

(Sharma e Thapliyal, 2011), no seu estudo intitulado "G-Cloud-(e-Govemance in Cloud)", realizaram um estudo na Índia sobre a computação em nuvem e examinaram a sua aplicação no contexto da administração pública em linha, numa tentativa de superar os problemas que a computação em nuvem enfrenta, desde o desenvolvimento até à implementação. Como solução nova e ideal, propuseram um modelo de administração pública eletrónica que utiliza a computação em nuvem para enfrentar estes desafios no futuro.

(Sun et al., 2011), o seu estudo intitulado "Surveying and analyzing security, privacy and trust issues in cloud computing environments in China" (Levantamento e análise das questões de segurança, privacidade e confiança em ambientes de computação em nuvem na China), esclareceu as principais questões de segurança, privacidade e confiança nos ambientes de computação em nuvem existentes e ajudou os utilizadores a reconhecer as ameaças tangíveis e intangíveis associadas à sua utilização. Além disso, analisaram e avaliaram as questões de privacidade, segurança e confiança no ambiente de computação em nuvem utilizando uma abordagem quantificável. Além disso, desenvolveram e implementaram uma estrutura completa de segurança, avaliação da confiança na privacidade e gestão num ambiente de computação em nuvem real.

No seu estudo **(Carter e Bélanger, 2005)** intitulado "The utilization of e government services: citizen trust, innovation and acceptance factors" (A utilização dos serviços da administração pública em linha: confiança dos cidadãos, inovação e factores de aceitação), afirmam que a administração pública em linha melhora a conveniência e a acessibilidade dos seus serviços e informações aos cidadãos. Apesar das vantagens da administração pública em linha, tais como uma maior responsabilização do governo perante os cidadãos, um maior acesso do público à informação e uma administração eficiente e rentável, a aceitação das iniciativas de administração pública em linha depende dos cidadãos. Sugeriram que, para desenvolver serviços de administração pública em linha "centrados no cidadão", que forneçam aos cidadãos informações acessíveis e relevantes e serviços de alta qualidade mais expeditos do que as transacções tradicionais "de tijolo e cimento", os sectores da administração pública devem estar conscientes dos factores que incentivam os cidadãos a adotar esta inovação. Este estudo integra construções do Modelo de Aceitação da Tecnologia, da teoria da Difusão da Inovação e dos modelos de confiança na Web para formar um modelo abrangente dos factores que afectam a adoção de iniciativas de administração pública eletrónica pelos cidadãos. O estudo foi realizado através de um inquérito a uma grande diversidade de cidadãos num evento comunitário. Concluíram que a facilidade de utilização, a compatibilidade e a fiabilidade são os factores de previsão mais significativos para que os cidadãos utilizem um serviço de administração pública em linha.

A partir da revisão da literatura, conforme demonstrado em estudos anteriores, os desafios da adoção da computação em nuvem são vários, embora a computação em nuvem esteja a caminho de se tornar um enorme sucesso e, embora seja evidente que existe um grande valor comercial, alguns decisores têm reservas quanto à utilização de algumas tecnologias de nuvem. Os estudos anteriores exploraram alguns dos desafios e preocupações e uma combinação destes desafios foi estudada anteriormente em diferentes países. No entanto, a administração pública em linha jordana ainda se encontra no início da fase de adoção, havendo falta de estudos e de conhecimentos técnicos, pelo que são necessárias mais investigações para atingir a maturidade da adoção desta tecnologia numa vasta gama.

Além disso, os estudos anteriores serviram de orientação para desenvolver o modelo de estudo e determinar e examinar as dimensões das variáveis dependentes e independentes.

1.10 Contribuição do estudo

O presente estudo combina os desafios de adoção da computação em nuvem de estudos anteriores; segurança e privacidade, qualidade do serviço, acessibilidade e disponibilidade com um novo fator de desafios designado por integração. Uma vez que a privacidade e a segurança são a principal preocupação para a utilização da computação em nuvem, a maior parte dos estudos anteriores centrou-se nelas. Embora a qualidade do serviço também seja uma questão importante, os estudos anteriores não mostraram que a qualidade dos serviços electrónicos seja uma preocupação importante para os consumidores, especialmente quando se comparam os serviços electrónicos com os serviços da vida real nas instituições governamentais. No entanto, os desafios da acessibilidade e da disponibilidade estão a afetar diretamente os serviços electrónicos, mas são problemas conhecidos dos serviços electrónicos desde o início da revolução da Internet até aos dias de hoje e algumas soluções offline ajudam a cobrir estes problemas de uma forma adequada até agora. O presente estudo centra-se no desafio da integração, uma vez que se trata de um novo ponto de foco que não foi estudado anteriormente, e procura descobrir a influência desta questão nos serviços de administração pública em linha na Jordânia, em combinação com todos os outros desafios da adoção da computação em nuvem.

Além disso, neste trabalho, foram investigados os desafios encontrados na Jordânia durante a adoção da computação em nuvem nos serviços de administração pública eletrónica e foram identificados os mais significativos para a realização deste estudo. Tendo conseguido isto, foi desenvolvido um modelo que relaciona estes desafios seleccionados da computação em nuvem (variável independente) com os serviços da administração pública em linha (variável dependente).

Espera-se que os resultados deste trabalho sejam utilizados pelos restantes ministros e instituições governamentais da Jordânia, que deverão adotar a computação em nuvem num futuro próximo.

Capítulo 2

Revisão teórica

2.1 Introdução

Atualmente, observam-se duas tendências principais relacionadas com a administração pública em linha: o desenvolvimento estável das infra-estruturas informáticas e o aumento contínuo das competências e dos conhecimentos dos utilizadores em matéria de utilização de computadores e da Internet. O sector público deve tirar partido destas melhores condições para o desenvolvimento e a implantação de aplicações de administração pública em linha (Cellary e Strykowski, 2009). Isto pode ser conseguido através da adoção de novas técnicas como a computação em nuvem no sector público. A computação em nuvem permite cobrir uniformemente todo o país com as soluções de administração pública em linha, independentemente da variação das unidades administrativas locais que podem estar melhor ou pior preparadas para fornecer serviços electrónicos (Srinivasan, 2014).

2.2 Evolução da computação em nuvem

Foi uma evolução gradual que começou na década de 1950 com a computação em mainframe. Vários utilizadores podiam aceder a um computador central através de terminais burros, cuja única função era fornecer acesso ao mainframe. Devido aos custos de aquisição e manutenção dos computadores mainframe, não era prático para uma organização adquirir e manter um para cada empregado. O utilizador típico também não precisava da grande capacidade de armazenamento (na altura) e do poder de processamento que um mainframe proporcionava. Proporcionar o acesso partilhado a um único recurso era a solução que fazia sentido em termos económicos para esta sofisticada peça de tecnologia (Knorr e Gruman, 2008).

Passado algum tempo, por volta de 1970, foi criado o conceito de máquinas virtuais (VMs). Utilizando software de virtualização como o VMware, tornou-se possível executar um ou mais sistemas operativos em simultâneo num ambiente isolado. Computadores completos (virtuais) podem ser executados dentro de um hardware físico que, por sua vez, pode executar um sistema operativo completamente diferente. O sistema operativo VM levou o mainframe de acesso partilhado dos anos 50 para o nível seguinte, permitindo que vários ambientes de computação distintos residissem num ambiente físico. A virtualização veio impulsionar a tecnologia e foi um importante catalisador na evolução da comunicação e da informação. Na década de 1990, as empresas de telecomunicações começaram a oferecer ligações de rede privada virtualizadas (Srinivasan, 2014; Knorr e Gruman, 2008).

Historicamente, as empresas de telecomunicações apenas ofereciam ligações de dados ponto-a-ponto dedicadas únicas. As ligações de rede privada virtualizadas recentemente oferecidas tinham a mesma qualidade de serviço que os seus serviços dedicados a um custo reduzido. Em vez de construir uma infraestrutura física para permitir que mais utilizadores tenham as suas próprias ligações, as empresas de telecomunicações podiam agora fornecer aos utilizadores acesso partilhado à mesma infraestrutura física (Srinivasan, 2014). A figura 2.1

mostra a evolução da computação em nuvem. A lista seguinte explica sucintamente a evolução da computação em nuvem:

- Computação em grelha: Resolução de grandes problemas com computação paralela

• Computação utilitária: Oferecer recursos de computação como um serviço medido

• SaaS: Assinaturas de aplicações baseadas na rede - Computação em nuvem: Acesso a qualquer momento e em qualquer lugar a recursos de TI fornecidos dinamicamente como um serviço. (Srinivasan, 2014; Knorr e Gruman, 2008).

A computação em nuvem surgiu como uma alternativa rentável para dispor de recursos informáticos fiáveis sem ser proprietário de qualquer infraestrutura. O crescimento desta tecnologia reflecte o crescimento da informática em geral. As opções oferecidas pelos serviços de computação em nuvem adaptam-se às necessidades de empresas de todos os tipos. Sendo uma tecnologia verdadeiramente global, a computação em nuvem está a crescer rapidamente, embora sem quaisquer normas globais. Como primeiro passo nesta direção, muitos dos principais fornecedores de serviços de computação em nuvem estão a aderir a vários consórcios para desenvolver as normas (Srinivasan, 2014; Knorr e Gruman, 2008).

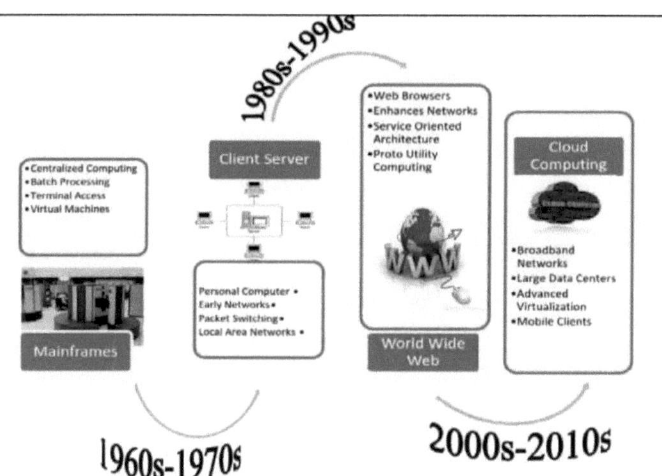

Figura 2.1: Evolução da computação em nuvem (The Defense Science Board) desenvolvida por um investigador

2.3 Definição de computação em nuvem

(A definição do NIST de computação em nuvem) **Computação em nuvem:** A computação em nuvem é um modelo que permite o acesso à rede ubíquo, conveniente e a pedido a um conjunto partilhado de recursos de computação configuráveis (por exemplo, redes, servidores, armazenamento, aplicações e serviços) que podem ser rapidamente aprovisionados e libertados com um esforço mínimo de gestão ou de interação com o fornecedor de serviços (Mell e Grance, 2011).

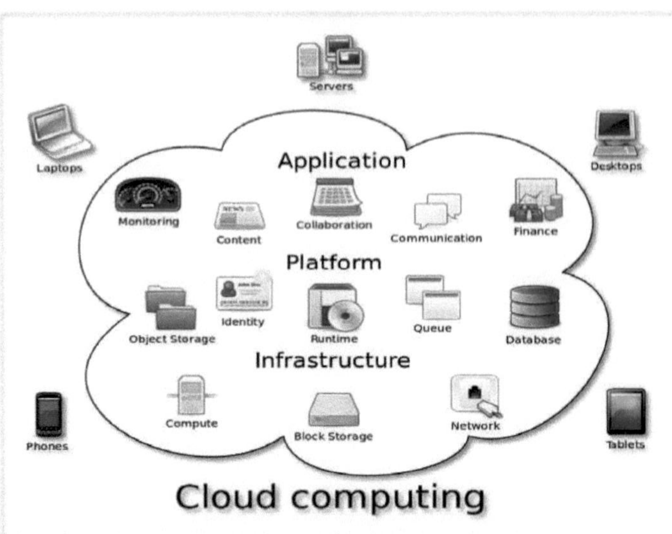

Figura 2.2 Computação em nuvem (www.cooper-peters.com)

Este modelo de nuvem, como mostra a figura 2.3, é composto por cinco características essenciais, três modelos de serviço e quatro modelos de implantação. Características essenciais: autosserviço a pedido, acesso alargado à rede, agrupamento de recursos, elasticidade rápida e serviço medido. Modelos de serviço: Software como serviço (SaaS), plataforma como serviço (PaaS) e infraestrutura como serviço (IaaS).

Modelos de implantação: nuvem privada, nuvem comunitária, nuvem pública e nuvem híbrida (Mell e Grance, 2011).

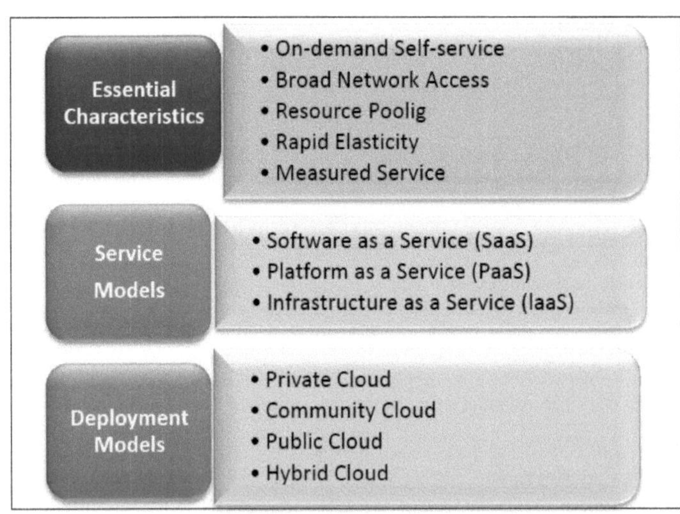

Figura 2.3: Modelo de computação em nuvem (desenvolvido pelo investigador).

2.3.1 Características essenciais da computação em nuvem

Para utilizar eficazmente as novas tecnologias, como a computação em nuvem, as instituições têm de saber exatamente o que estão a obter. Lembre-se de que o Instituto Nacional de Normas e Tecnologia emitiu a sua 16ª e última versão da Definição NIST de Computação em Nuvem. "Quando as agências ou empresas utilizam esta definição, dispõem de uma ferramenta para determinar até que ponto as implementações de tecnologia da informação que estão a considerar cumprem as características e modelos da nuvem", afirma Peter Mell, um cientista informático do NIST que foi o autor do relatório. "Isto é muito importante porque, ao adoptarem uma nuvem, é mais provável que obtenham os benefícios inerentes à nuvem: poupança de energia, menos custos, rápida implementação e capacitação do cliente", afirma Mell. "Além disso, a correspondência de uma implementação com a definição de nuvem pode ajudar a avaliar as propriedades de segurança da nuvem."

A publicação especial inclui as cinco características essenciais da computação em nuvem, como mostra a figura 2.4:

1. **Autosserviço a pedido:** Um consumidor pode poupar unilateralmente capacidades de computação, como tempo de servidor e armazenamento de rede, conforme necessário, automaticamente, sem solicitar interação humana com cada fornecedor de serviços.

2. **Acesso alargado à rede:** As capacidades e competências estão disponíveis na rede e são acedidas através de técnicas normalizadas que promovem a utilização por várias plataformas de clientes finos ou grossos.

3. **Agrupamento de recursos:** Os recursos informáticos do fornecedor são agrupados para servir vários consumidores através de um modelo multi-tenant, com diferentes recursos físicos e virtuais atribuídos e reatribuídos dinamicamente de acordo com a procura dos consumidores. Existe uma sensação de independência da localização, na medida em que o cliente geralmente não tem controlo ou conhecimento sobre a localização exacta dos recursos fornecidos, mas pode ser capaz de especificar a localização a um nível mais elevado de abstração (por exemplo, país, estado ou centro de dados).

4. **Elasticidade rápida:** As capacidades podem ser provisionadas e libertadas de forma flexível, nalguns casos automaticamente, para escalar rapidamente para fora e para dentro proporcionalmente à procura. Para o cliente, as capacidades disponíveis para aprovisionamento parecem, muitas vezes, não ter limites e podem ser atribuídas em qualquer quantidade e em qualquer altura.

5. **Serviço medido:** Os sistemas de nuvem monitorizam e optimizam automaticamente a utilização dos recursos através de
alavancando uma capacidade de medição em algum nível de abstração conveniente para o tipo de serviço. A utilização de recursos pode ser controlada, monitorizada e comunicada, proporcionando transparência tanto para o cliente como para o fornecedor do serviço utilizado (Mell e Grance, 2011).

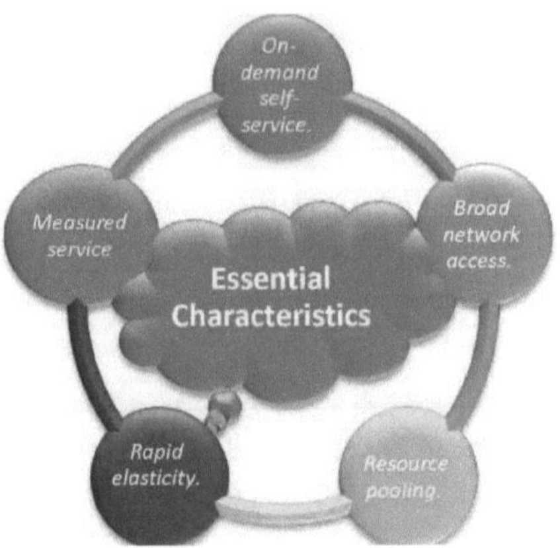

Figura 2.4 Características essenciais da computação em nuvem (desenvolvida pelo investigador).

2.3.2 Modelos de serviços de computação em nuvem

Os modelos de serviço de computação em nuvem caracterizam a forma como os serviços de nuvem são disponibilizados aos clientes. Os modelos de serviço mais básicos incluem uma coleção de IaaS (Infraestrutura como serviço), PaaS (Plataforma como serviço) e SaaS (Software como serviço). Estes modelos de serviços podem ter sinergias entre si e ser interdependentes - por exemplo, a PaaS depende da IaaS porque as plataformas de aplicações exigem infra-estruturas físicas (Qaisar, 2012). O modelo IaaS (Infraestrutura como Serviço) fornece componentes de infraestrutura aos clientes. Esses componentes podem conter máquinas virtuais, armazenamento, redes, firewalls, balanceadores de carga e assim por diante. Com a IaaS, os clientes têm acesso direto ao nível mais baixo do software na pilha - ou seja, ao sistema operativo em máquinas virtuais, ou ao painel de gestão de uma firewall ou de um equilibrador de carga. A Amazon Web Services é um dos maiores fornecedores de IaaS.

O modelo PaaS fornece aos clientes uma plataforma de aplicações pré-construída; os clientes não precisam de perder tempo a construir infra-estruturas implícitas para as suas próprias aplicações. No backend, a PaaS equilibra e aprovisiona automaticamente os componentes de infraestrutura desejados, consoante os requisitos da aplicação. Ao mesmo tempo, as soluções PaaS fornecem uma API que inclui um conjunto de funções para a gestão programática da plataforma e o desenvolvimento de soluções (Zwattendorfer et al., 2013). O Google App Engine é o fornecedor de PaaS mais popular, e a Amazon Web Services também fornece algumas soluções de PaaS em extensão às ofertas de IaaS. O SaaS fornece soluções de software em linha prontas a utilizar. O fornecedor de software SaaS tem o controlo total do software de aplicação. Os exemplos de aplicações SaaS incluem correio eletrónico, ERP, sistemas de gestão de projectos, CRMs e diferentes plataformas de redes sociais. A principal diferença entre o SaaS e o PaaS é que o PaaS surge normalmente como uma plataforma para o desenvolvimento de aplicações, enquanto o SaaS fornece aplicações em linha que já estão desenvolvidas (Syed e Baig, 2013).

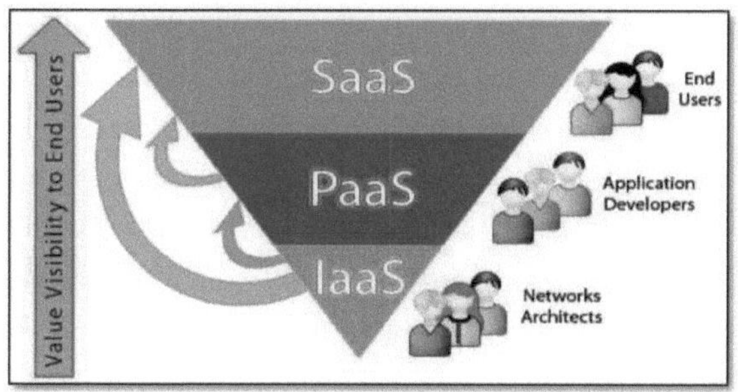

Figura 2.5 Modelos de serviços de computação em nuvem (www.finoit.com)

2.3.3 Modelos de implantação da computação em nuvem

Os modelos de implantação do alojamento em nuvem representam a categoria exacta do ambiente de nuvem e distinguem-se principalmente pela propriedade, dimensão e acesso. Este modelo indica o objetivo e a natureza da nuvem. A maioria das organizações está disposta a implementar a nuvem, uma vez que reduz as despesas de capital e controla os custos operacionais. Para saber que modelo de implantação corresponde aos requisitos propostos, é necessário conhecer os modelos de implantação (Bulla et al., 2016; Mell e Grance, 2011).

A) Nuvem privada

A definição do NIST para nuvem privada é: a infraestrutura de nuvem é provisionada para uso exclusivo por uma única organização que inclui vários consumidores, como unidades de negócios. Pode ser propriedade, monitorizada e operada pela organização, por terceiros ou por uma combinação de ambos, e pode ocorrer dentro ou fora de edifícios. As nuvens privadas são uma escolha para empresas que já possuem datacenter e infraestrutura de TI desenvolvida e têm necessidades específicas em torno de segurança, desempenho ou eficiência (Keshavarzi, 2014).Elas são uma boa escolha para o datacenter da empresa do que os servidores legados de muitas maneiras diferentes, trazendo muitas vantagens derivadas da virtualização e automação. No entanto, também geram desafios e desvantagens, principalmente no facto de a empresa precisar de migrar ou refacturar aplicações para tirar partido da automatização da Nuvem (Foster et al., 2008; Pallis, 2010; James, 2010; Mell e Grance, 2011).

B) Nuvem pública

A definição do NIST para nuvem pública é: a infraestrutura de nuvem é provisionada para uso aberto pelo público em geral. Pode ser propriedade, monitorizada e operada por uma organização empresarial, académica ou governamental específica, ou por uma combinação de todas elas. Existe nas instalações do fornecedor de serviços de computação em nuvem e é uma forma de fornecer serviços de computação em nuvem pública e um fornecedor de serviços de computação em nuvem. O modelo de negócio permite uma economia de escala na recolha de recursos de centros de dados, a virtualização e o aprovisionamento a pedido permitem a externalização da infraestrutura de TI das empresas, abordando o problema da recuperação de catástrofes, adequado para PME e empresas ágeis. No entanto, os dados e o ambiente de processamento não estão sob o controlo das empresas, o que, no caso de aplicações ou dados com requisitos de segurança, pode suscitar preocupações. Além disso, os fornecedores de serviços de computação em nuvem não podem ser tão perfeitos como se espera, as falhas de energia, os problemas de rede, etc., podem prejudicar o serviço. Embora a segurança, a confidencialidade e a fiabilidade da nuvem pública se sobreponham quase de certeza às da nuvem privada, devido às competências e ao volume de pessoal do operador da nuvem pública na própria empresa. (Foster et al., 2008; Pallis, 2010; James, 2010; Mell e Grance, 2011).

C) Nuvem híbrida

A definição do NIST para nuvem híbrida é: a infraestrutura de nuvem é uma composição de duas ou mais infraestruturas de nuvem diferentes (privada, comunitária ou pública) que permanecem partes únicas, mas são limitadas em conjunto por tecnologia legal padronizada ou proprietária que autoriza a portabilidade de dados e aplicativos. A nuvem híbrida, embora seja a configuração mais complexa de monitorizar, é também o modelo mais económico para as empresas modernas. Junta a infraestrutura central da empresa baseada na nuvem e aumenta a externalização das tarefas de carga para as nuvens públicas. Também junta as vantagens do ambiente planeado nas nuvens privadas e a rápida flexibilidade das nuvens públicas. Mesmo assim, requer uma modernização mais profunda da nuvem empresarial. E os desafios de obter uma integração fácil e contínua entre a nuvem privada e a nuvem pública podem ser resolvidos, mas fazendo alguma personalização para o trabalho, e as questões de compatibilidade, padronização e conformidade ainda não são chave na mão (Mandhare e Shende, 2014; Wahlgren e Kowalski, 2013; Andreadis et al., 2015; Mell e Grance, 2011).

D) Nuvem comunitária

A nuvem comunitária, embora utilizada por várias áreas, é algo um pouco diferente de uma nuvem pública. A definição do NIST para nuvem comunitária é - A infraestrutura de nuvem é provisionada para uso exclusivo por uma comunidade específica de clientes de organizações que têm preocupações comuns. Ela pode ser de propriedade, monitorada e operada por uma ou mais organizações da comunidade, por um terceiro ou por alguma combinação deles, e pode existir dentro ou fora das instalações. A Nuvem Comunitária inclui, então, a cooperação e a integração da infraestrutura e dos recursos de TI de várias organizações diferentes. Pode aproveitar grandes projectos inter-organizacionais. Exige interoperabilidade e conformidade entre as organizações membros e seus recursos, incluindo a gestão de identidade (Mandhare e Shende, 2014; Wahlgren e Kowalski, 2013; Andreadis et al., 2015; Mell e Grance, 2011).

E) Modelos emergentes: Federado e Intercloud

Estão a surgir alguns modelos interessantes. Os investigadores de nuvens sugeriram que, à semelhança da Internet, deveria existir um mecanismo para que os utilizadores pudessem utilizar várias nuvens de vários fornecedores ou empresas, sem que os detalhes fossem visíveis. Na Internet, o utilizador vê uma topologia uniforme e global (Czajka et al., 2014). O utilizador não sabe qual o fornecedor de serviços Internet que aloja o sítio Web que está a observar e também não sabe como os pacotes viajaram entre o seu navegador e esse sítio Web. Vamos analisar os modelos de federação de nuvens, que permitem a participação e o aprovisionamento conjunto de recursos entre nuvens. Existem dois tipos diferentes de federação de nuvens: uma federação do lado do fornecedor de serviços para a partilha e o aprovisionamento de recursos e uma federação do lado do consumidor/cliente que autoriza a criação de infra-estruturas de nuvens heterogéneas com vários fornecedores. A federação do lado do fornecedor de serviços é designada "Intercloud". O modelo de implantação da Intercloud fornece um quadro geral para serviços e infra-estruturas de construção e operação baseados em nuvens heterogéneas de vários fornecedores (Rosenberg et al., 2015; Czajka et al., 2014).

A tabela seguinte resume os modelos de implantação e a relação entre a gestão do sistema, a propriedade e a localização para cada modelo (Rosenberg et al., 2015).

Tabela 2.1 Resumo dos modelos de implantação de computação em nuvem (resumido por pesquisador)

Modelos de implantação	Gestão do sistema	Proprietários de sistemas	Localização do sistema
Público	Fornecedor	Fornecedor	Sítio do fornecedor
Privado	Agência ou fornecedor	Agência ou fornecedor	Sítio da agência ou do fornecedor
Comunidade	Agência ou fornecedor	Agência ou fornecedor	Sítio da agência ou do fornecedor
Híbrido	Agência e fornecedor	Agência e fornecedor	Sítio da agência e do fornecedor
Federado	Federação e Multifornecedores	Federação e Multifornecedores	Federação e Multifornecedores
Múltiplas nuvens e inter-nuvens	Multifornecedor	Agência e multifornecedor	Agência e Multi -Provider

2.4 Adoção da computação em nuvem

Estimulada pelas tendências da indústria, a computação em nuvem - cloud - tem vindo a ganhar progressivamente força entre as pequenas e médias empresas, as grandes empresas e, agora, os governos e os sectores públicos orientados para. As novas empresas estão cada vez mais orientadas para o arranque na nuvem. Os esforços das empresas e do sector público estão a encontrar ressonância entre os fornecedores de todas as denominações de serviços de computação em nuvem. A adoção da computação em nuvem está a ser impulsionada de cima para baixo e a crescer de baixo para cima (Trivedi, 2013; Vanker, 2015).

2.4.1 Benefícios da adoção da computação em nuvem

As políticas, os governos, as organizações do sector público, as autoridades locais e as entidades com e sem fins lucrativos pretendem tornar-se mais rápidas, melhores e mais baratas quando optam pela computação em nuvem (Trivedi, 2013; Vanker, 2015). Para a administração pública em linha, as características da computação em nuvem sugerem que a utilização ativa da computação em nuvem pode ser útil para a investigação de serviços de administração pública em linha eficientes. A computação em nuvem tem as principais características práticas que a tornam adequada para utilização na implementação da administração pública em linha. A concretização das vantagens da computação em nuvem para a administração pública em linha pode fazer uma revolução nas aplicações da administração pública em termos de redução de custos, escalabilidade da infraestrutura, facilidade de implementação, acessibilidade, enorme capacidade de armazenamento, chegada às capacidades das tecnologias da informação, redução das aquisições e da manutenção e do consumo de eletricidade. Mesmo assim, estes benefícios foram propostos com base nas características da computação em nuvem e os investigadores não examinaram empiricamente estes benefícios (Vanker, 2015). Porque é que tantas empresas estão a mudar para a nuvem? A Figura 2.6 mostra as melhores formas como as empresas estão a utilizar a nuvem para impulsionar a transformação empresarial em 2014.

Figura 2.6: As melhores formas como as empresas estão a utilizar a nuvem para impulsionar a transformação empresarial em 2014, (KPMG Cloud Survey Report, 2014)

2.4.2 Utilização da computação em nuvem para a administração pública eletrónica: Desafios e benefícios

A computação em nuvem é um estilo de computação que resulta da agregação e do desenvolvimento de tecnologias como a computação em grelha, a computação distribuída, a computação paralela e a arquitetura orientada para os serviços. O seu objetivo é fornecer recursos de computação, comunicação e armazenamento num ambiente seguro baseado em serviços, o mais rapidamente possível, que são virtualmente fornecidos através da plataforma Internet. Tendo em conta que os serviços prestados na administração pública em linha estão disponíveis através da Internet, a computação em nuvem pode ser utilizada na implementação da arquitetura da administração pública em linha e prestar um melhor serviço com o menor custo económico, utilizando as suas vantagens (Trivedi, 2013).

Nos últimos 10 anos, a Internet e os serviços baseados na Web cresceram rapidamente e têm sido utilizados por muitas empresas. No entanto, o custo do armazenamento de dados e o consumo de energia do hardware estão a aumentar. Ao mesmo tempo, as grandes empresas iniciaram estudos aprofundados para reduzir os custos, utilizar melhor os recursos existentes e também para apoiar a sua própria atividade (Bora e Ahmed, 2013). Nestes estudos, encontraram uma nova solução para responder aos seus desafios, para utilizar e tirar o máximo partido dos recursos, que não era outra senão a computação em nuvem, uma nova tecnologia que pode responder a milhares de necessidades de hardware e software. Atualmente, as características únicas da computação em nuvem transformaram-na numa tecnologia valiosa. É por isso que é considerada o tema mais quente nos centros de investigação e nas universidades relacionadas com o domínio das tecnologias da informação (Featherman et al., 2011). A cada dia que passa, observa-se a expansão e a complexidade dos governos electrónicos, pelo que a dimensão dos seus dados computacionais aumenta diariamente. Assim, é necessário um modelo adequado para a implementação da administração pública eletrónica que inclua a eficiência do sistema e a satisfação do utilizador. Como já foi referido, a computação em nuvem foi introduzida noutros estilos, como a computação em grelha e a arquitetura orientada para os serviços, cujo objetivo é processar grandes quantidades de dados utilizando grupos de computadores. Estes problemas computacionais de grande volume podem ser resolvidos facilmente e de forma adequada com a expansão e a evolução da computação em nuvem. Os outros benefícios da computação em nuvem na administração pública em linha não devem, obviamente, ser ignorados. Que redução de custos, integração e reutilização de serviços se podem notar? Devido à novidade da computação em nuvem, a fim de identificar os benefícios e os pontos fracos da computação em nuvem, é necessário que esta tecnologia seja completamente identificada para o seu desenvolvimento e utilização na arquitetura da administração pública em linha, e os seus diferentes domínios devem ser considerados tanto quanto possível para serem utilizados na administração pública em linha e devem ser tentadas superar as suas deficiências (Trivedi, 2013; Bora e Ahmed, 2013).

2.5 Desafios da adoção da computação em nuvem

A adoção da nuvem não é uma tarefa fácil. A nuvem é uma ameaça à força tradicional e às estruturas organizacionais de uma empresa, uma vez que as unidades de negócios podem contornar a organização de tecnologia da informação para adquirir os serviços de tecnologia da informação necessários, ou seja, plataforma, infraestrutura, software na nuvem, o sinal original denominado pelas empresas como Shadow IT (grupos dentro de agências que criam seus próprios sistemas e soluções de tecnologia da informação ou contratam independentemente provedores de serviços de terceiros sem aprovação organizacional explícita) (Alsharafat et al., 2014). As organizações de tecnologia da informação, por sua vez, tentam confirmar a sua presença através da aplicação de políticas. Outros desafios na adoção da Computação em Nuvem são a articulação da qualidade do serviço, a acessibilidade do serviço e quanto é a disponibilidade do serviço. A segurança é uma preocupação de quase todas as entidades na nuvem ou que pretendem estar na nuvem. (Hamlen et al., 2012; Oliveira et al., 2016)

2.5.1 Desafio de segurança

A segurança é uma das principais preocupações dos gestores de topo quando transformam os seus dados para a nuvem. Embora a segurança na nuvem seja geralmente fiável, credível e proficiente, a gestão de topo precisa de saber que o fornecedor de serviços de nuvem com quem escolheram trabalhar tem um ambiente de nuvem totalmente seguro e protegido (Naseem e Sasanka, 2014 ; Jain, 2012; Al-Laham, 2015).

Os gestores de topo estão a tornar-se mais resistentes a ceder os dados importantes a um prestador de serviços externo. Com o aumento das violações de dados, as potenciais sanções financeiras e a falta de reputação das empresas que se tornam vítimas, a transferência dos seus dados privados para um prestador de serviços externo é mais assustadora do que nunca (Hamlen et al., 2012).

Um fornecedor de serviços de computação em nuvem bem estabelecido assegurará que dispõe dos mais recentes sistemas de segurança avançados para se defender contra as ameaças previstas. O fornecedor de serviços de computação em nuvem deve ser capaz de responder a todas as perguntas abaixo em pormenor

- Onde é que os seus dados ficam?

- Os dados guardados estão encriptados?

- Como é que se pode mover dados da nuvem?

- Quais são as políticas e os procedimentos de governação da segurança disponíveis?

Se o fornecedor de serviços de computação em nuvem for capaz de responder a todas as perguntas acima em pormenor, de modo a que o cliente saiba exatamente onde os seus dados estão armazenados e de que modo irão proteger os seus dados contra as ameaças internas e externas. Além disso, como é que o cliente pode recuperar os seus dados se tal for necessário? (Kulkarni et al., 2012; Jain, 2012)

Sabe-se que a segurança é difícil de definir no caso geral. A segurança da informação é composta por Confidencialidade, Integridade e Disponibilidade, designada por CIA Tentada e apresentada na figura 2.7.

Confidencialidade: Os segredos internos e os dados pessoais sensíveis devem ser protegidos. Mantém os dados privados. **Integridade:** refere-se a métodos para garantir que os dados são reais, exactos e protegidos contra modificações acidentais por parte de utilizadores não autorizados. **Disponibilidade:** Os provedores de nuvem garantem aos clientes que eles terão acesso sistemático e previsível aos seus dados e aplicações (Kulkarni et al., 2012; Naseem e Sasanka, 2014).

A segurança deve ser garantida por ambas as partes: uma pelo próprio utilizador e outra pelo fornecedor de serviços. O fornecedor de serviços de computação em nuvem deve certificar-se de que o servidor está bem protegido contra quaisquer ameaças previstas que possa encontrar. Apesar de o fornecedor de serviços de computação em nuvem ter proporcionado um elevado nível de segurança ao cliente, este deve certificar-se de que não há perda de dados, roubo ou adulteração de dados de outros clientes que estejam a utilizar a mesma nuvem devido à sua ação. Uma nuvem só é altamente eficaz quando existe um elevado nível de segurança fornecido pelo prestador de serviços ao cliente (Kulkarni et al., 2012).

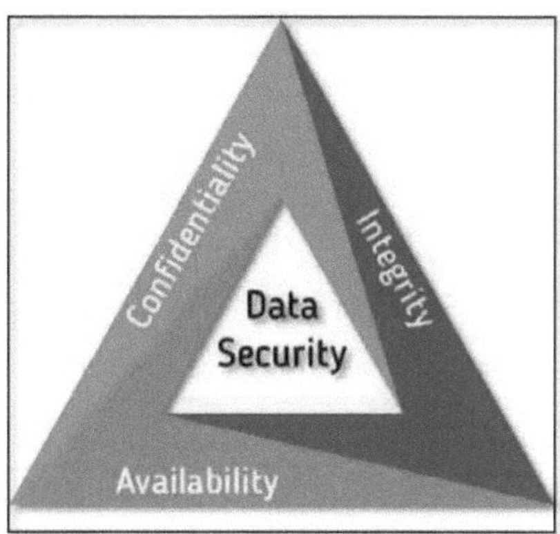

Figura 2.7 A Tríade da CIA (www.checkmarx.com)

Existem várias questões de segurança para a computação em nuvem, uma vez que esta inclui muitas tecnologias, como sistemas operativos, redes, bases de dados, equilíbrio de carga, virtualização, programação de recursos, gestão de transacções, controlo de sincronização e gestão de memória. Por exemplo, a rede que interliga os sistemas numa nuvem deve ser segura. Além disso, o modelo de virtualização na computação em nuvem resulta em muitas preocupações de segurança diferentes. Por exemplo, o mapeamento das máquinas virtuais para as máquinas físicas tem de ser efectuado de forma segura. A segurança dos dados inclui a encriptação dos dados, bem como a garantia de que as políticas convenientes são obrigatórias para a partilha de dados (Padhy et al., 2011; Singh e Shrivastava, 2012; Ramgovind et al., 2010).

A computação em nuvem baseia-se em diferentes serviços através de uma rede, como o software como serviço (SaaS), a plataforma como serviço (PaaS) e a infraestrutura como serviço (IaaS). Antes de se lançarem na viagem para a nuvem, as instituições devem estar atentas às possíveis ameaças e vulnerabilidades que podem transformar os seus sonhos de aumentar a escalabilidade e reduzir o custo de gestão num pesadelo de perda de dados, utilização indevida e aplicação incorrecta (Naseem e Sasanka, 2014).

Para tornar a rede virtual na computação em nuvem mais segura, depende tanto do utilizador como do fornecedor executarem a sua tarefa de forma bem definida. As maiores lacunas entre o exercício de segurança da nuvem e a teoria do estudo da segurança da nuvem residem no facto de as hipóteses da investigação deixarem de fora algumas diferenças muito substanciais entre a segurança real da nuvem e a segurança da máquina virtual. A investigação deve centrar-se nestas lacunas e diferenças e na sua eliminação. Uma das partes do âmbito pode ser o desenvolvimento de uma forma de equilibrar o software de gestão da nuvem e outra pode ser o desenvolvimento de um processamento separado para aplicações específicas dos clientes. A atitude das pessoas pode ser rastreada e monitorizada, por exemplo, se as pessoas permitem a execução do software de correção permitido, ou a atualização das definições do software antivírus, ou se as pessoas sabem como reforçar as suas máquinas virtuais na nuvem (Jain, 2012; Padhy et al., 2011).

2.5.2 Desafio da qualidade do serviço

A qualidade do serviço é um dos factores mais consideráveis que as empresas citam como motivo para não transferirem a sua atividade para a nuvem. Muitas vezes, as empresas sentem que os SLAs fornecidos pelos actuais fornecedores de serviços de computação em nuvem não são suficientes para garantir os requisitos de utilização de uma aplicação de produção na nuvem, especialmente as questões relacionadas com a disponibilidade, o desempenho e a escalabilidade (Wei e Blake, 2010).

De acordo com um inquérito recente (forbes.com, 2015), 43% dos decisores em matéria de tecnologias da informação estão a planear investir mais em computação em nuvem este ano. Os gestores de topo preocupam-se com a segurança e a disponibilidade dos dados da empresa, bem como com a fiabilidade do serviço em todos os momentos. Garantir a máxima manutenção do serviço é essencial para a rentabilidade e a sustentabilidade da empresa.

Lista de dez perguntas que o cliente deve fazer ao prestador de serviços antes de assinar o contrato;

1. Quais são os níveis mínimos de serviço que devo esperar?

2. Que tratamentos são aplicados quando ocorre uma falha?

3. Que tipos de procedimentos de recuperação de desastres e de continuidade da atividade estão em vigor?

4. Quão portáteis e itinerantes são os meus dados?

5. O que é o processo de gestão da mudança?

6. Quais são as infra-estruturas e as normas de segurança?

7. Com que rapidez é que os problemas são identificados e resolvidos?

8. Qual é o atual processo de escalonamento?

9. Qual é a estratégia atual?

10. Qual é o atual processo de rescisão?

Sem um nível de qualidade de serviço claro e proficiente e sem determinar respostas abrangentes para as perguntas acima, as empresas serão avessas a alojar as suas infra-estruturas críticas na nuvem (Wei e Blake, 2010; Janda et al., 2002).

2.5.3 Desafio da acessibilidade

Aceder aos dados quando necessário é um requisito básico considerável de muitas organizações. O desafio da nuvem reside no facto de os dados serem acedidos através de uma ligação à Internet e não através de uma ligação ou armazenamento local. Assim, quando a ligação à Internet está em baixo, isso significa que todos os serviços da nuvem também estão em baixo, o que significa que os dados não podem ser acedidos nesse momento (Carcary et al., 2013; Gupta et al., 2013; Opitz et al., 2012).

O desempenho e a eficiência da infraestrutura de nuvem podem ser afectados pelo ambiente, pela carga e pelo número de utilizadores. Garantir que a infraestrutura de nuvem seja flexível a interrupções é fatal. Embora seja quase impossível aliviar todas as interrupções do servidor, um fornecedor de serviços respeitável terá medidas de elasticidade robustas para proteger os dados do cliente (Oliveira et al., 2016).

Os servidores baseados na nuvem não dispõem dos sistemas de apoio ao cliente mais dinâmicos ou adequados a todo o momento. Os gestores de topo expressam frequentemente as suas preocupações em relação à propriedade dos dados e à falta de controlo dos mesmos quando mudam para a nuvem. Selecionar onde e como os dados são armazenados é um elemento essencial no processo de tomada de decisão. Perguntas importantes que deve fazer a um fornecedor de serviços de computação em nuvem:

- Que controlo tenho sobre os meus dados e o meu servidor?

* Quanto tempo é necessário para efetuar uma cópia de segurança dos meus dados para a nuvem?

* Quanto tempo demora a efetuar uma cópia de segurança dos meus dados?

* Onde é que os meus dados são guardados?

* Como é que o prestador de serviços protege os meus dados?

* Quais são os seus procedimentos de auditoria?

* O que acontece em caso de corrupção de dados?

* Como posso extrair os meus dados se tiver de me mudar para outro local? (Dillon e Chang, 2010; Wang et al., 2008)

2.5.4 Desafio da disponibilidade

A computação em nuvem é uma vantagem para os clientes devido ao seu retorno financeiro. Os principais desafios à adoção da computação em nuvem são a segurança, como já foi referido, e alguns outros riscos operacionais. A falta de disponibilidade é outro domínio a que é necessário prestar atenção. Trata-se de um problema que afecta os sistemas de software intensivo. Os fornecedores de serviços de computação em nuvem mais conhecidos registaram uma falta de disponibilidade temporária durante um determinado período de tempo. Devem ser adoptadas novas técnicas para manter volumes maciços de dados durante longos períodos. A disponibilidade deve ser especificada com base nas informações actuais, na previsão dos padrões de utilização e no escalonamento dinâmico dos recursos. São examinadas as várias estratégias, como a combinação de mecanismos de equilíbrio de carga, incluindo a replicação eficiente, as opções de implantação convenientes e o mecanismo de auto-recuperação (Vani e Priya, 2014).

Os vários mecanismos

A. O mecanismo de balanceamento de carga é muito importante na computação em nuvem, porque o acesso às tarefas na nuvem é muito disperso e a nuvem fornece aos clientes um escalonamento rápido para cima ou para baixo dos recursos. Trata-se de uma técnica que apoia a disponibilidade das redes e dos recursos, proporcionando um débito máximo com um tempo de resposta mínimo. A aplicação do balanceamento de carga reduz consideravelmente o número de falhas que podem afetar instantaneamente o sistema de computação em nuvem. Se houver uma falha numa parte do sistema, o equilibrador de carga é capaz de recorrer a outros recursos disponíveis. A separação do tráfego entre servidores permite enviar e receber dados sem grandes atrasos. Os balanceadores de carga aumentam a disponibilidade e também a eficiência. O balanceamento de carga pode ser feito de forma estática ou dinâmica. Os algoritmos estáticos utilizam uma distribuição igual do tráfego entre os servidores. Devido a problemas funcionais, foi utilizado o round robin ponderado. Dependendo dessa abordagem, os servidores com maior peso recebem mais conexões. No entanto, quando os pesos são semelhantes, os servidores recebem a mesma carga de tráfego. Os algoritmos de balanceamento de carga dinâmico são utilizados para redistribuir dinamicamente os recursos disponíveis entre as tarefas em execução. Isto permite que as tarefas utilizem a capacidade máxima de cada recurso num nó. A estrutura de computadores múltiplos com funcionalidade de equilíbrio dinâmico da carga pode atribuir e reatribuir recursos em tempo de execução. O balanceamento de carga deve ocorrer quando o programador lista a tarefa para todos os processadores. O seguinte procedimento é considerado operacional. À medida que chegam novos trabalhos, estes são colocados em fila de espera num determinado nó. Em seguida, o programador pode listar o trabalho para um processador. O reescalonamento deve ser efectuado se a carga não for estabilizada. A distribuição e a liberação devem ser feitas para o processador. A nuvem utiliza serviços automáticos de balanceamento de carga que aumentam o número de CPUs ou memórias para atender às demandas crescentes (Vani e Priya, 2014).

B. Replicação eficiente A computação em nuvem oferece garantias para aumentar a velocidade com que as aplicações são implementadas, aumentar a heresia e reduzir os custos sem comprometer a proficiência do negócio. Várias empresas, como a Amazon, a Microsoft e a Google, construíram enormes centros de dados nos últimos anos. Os centros de dados são capazes de fornecer serviços a preços reduzidos, o que motivou várias instituições a alojar os seus serviços na nuvem. O conceito de virtualização simplifica a visualização de um nó físico como vários nós virtuais, favorecendo recursos infalíveis. A replicação eficiente tem sido utilizada como um método para aumentar a disponibilidade dos dados. A arquitetura indica três camadas, nomeadamente o cliente de armazenamento, o cliente de aplicação e o cluster de PC. A camada de aplicação oferece ambas as interfaces para os clientes armazenarem ficheiros, bases de dados, etc. A camada de cluster de PC suporta o hardware e os dispositivos de armazenamento em grande escala. A fiabilidade do sistema aumenta à medida que aumenta o número de réplicas. Este facto permite mascarar mais falhas e problemas esperados. Estão disponíveis muitos esquemas de gestão de réplicas, um dos quais é reconhecido (Vani e Priya, 2014).

C. Opções de implementação A virtualização é a criação de uma edição virtual de algo, como uma plataforma, um recurso físico, um sistema operativo, um software, um dispositivo de armazenamento ou recursos de rede. As tecnologias de virtualização minimizam os custos de energia e de hardware, além de aumentarem a partilha de recursos entre as aplicações alojadas em várias máquinas virtuais e, em suma, são utilizadas para aumentar a capacidade de gestão dos sistemas de software e reduzir o custo total de propriedade.

Este conceito permite que os recursos sejam reservados a várias aplicações, mas oculta a complexidade da partilha de recursos. No entanto, a partilha de máquinas virtuais entre as aplicações com vários recursos necessários inclui incerteza na disponibilidade e na eficiência.

O método de difusão dos componentes da aplicação em máquinas virtuais e a determinação do nível destes em máquinas físicas ajudam a melhorar a disponibilidade. Deve ser analisada a seleção da melhor estratégia de implantação para os componentes de software que podem ser obtidos, o número de réplicas de cada componente e os componentes que devem ser encontrados na mesma máquina. As escolhas de implantação são consideráveis na definição da disponibilidade das aplicações em nuvem. Mesmo assim, a partilha de máquinas virtuais entre aplicações que necessitam de vários recursos introduz incerteza quanto ao desempenho e à disponibilidade (Vani e Priya, 2014).

2.5.5 Desafio da integração

Muitos dos desafios da adoção da nuvem são anónimos, devido ao facto de a tecnologia da nuvem ainda estar numa fase relativamente incipiente. Os gestores de topo são desafiados a decidir sobre a melhor forma de fazer a transição para a nuvem e a encontrar uma solução de nuvem que satisfaça os objectivos das empresas, melhorando simultaneamente a eficiência. A integração é uma preocupação para muitas organizações. Garantir que todas as aplicações são capazes de se integrar facilmente umas com as outras é também um desafio comum (Li et al., 2012).

Embora a transição para a nuvem seja um processo complexo e implicado, não existe um único caminho para o sucesso e pode ser integrado nos sistemas de informação actuais. A gestão de topo deve garantir que a solução proposta complementa o seu modelo de negócio. Há várias formas de as empresas fazerem a transição para a nuvem e manterem o sistema de informação atual aplicado. Quer utilizem tecnologias de nuvem privada, pública ou híbrida, identificar o modelo de serviço adequado para a empresa é um passo vital (Furht e Escalante, 2010).

Perguntas que um fornecedor de serviços de computação em nuvem deve fazer-lhe;

- Quais são os seus padrões de procura?

- Quando é que recebe o maior fluxo de dados?

- Quanto é que espera que os seus dados cresçam?

- Necessita de controlo sobre a região (geográfica) onde residem os seus dados?

- Qual é a sua expetativa de SLA?

A migração de dados apresenta uma série de riscos e ameaças para as organizações, se não for tratada de forma correcta. O desenvolvimento de uma estratégia de migração de dados que se integre perfeitamente na atual infraestrutura de TI é uma das principais chaves para o sucesso global. Os CIOs são desafiados a encontrar o modelo de serviço adequado à sua atividade. Encontrar um fornecedor de serviços que lhes permita criar um ambiente informático personalizado também é vital (Carcary et al., 2013; Gupta et al., 2013; Opitz et al., 2012).

O primeiro passo para a integração com a nuvem é ser capaz de identificar os desafios e trabalhar com o fornecedor de serviços de nuvem escolhido para contornar essas barreiras e desafios, a fim de facilitar um ambiente de nuvem bem-sucedido para a empresa, integrado com o atual sistema de gestão da informação, certificando-se de que fazem as perguntas certas e compreendem os riscos para a empresa é essencial. Com base numa arquitetura colaborativa, são apresentados um quadro de gestão dos serviços de computação em nuvem e um diagrama de processos. Como caraterística fundamental, a abordagem proposta integra funcionalidades de controlo de acesso no âmbito da estrutura híbrida que fornece aos utilizadores vistas filtradas sobre os serviços em nuvem disponíveis com base nos requisitos de acesso ao serviço em nuvem e nas credenciais de segurança do utilizador (Li et al., 2012; Furht e Escalante, 2010).

2.6 Serviços governamentais electrónicos

2.6.1 Definição e importância da administração pública em linha

A administração pública em linha, a interação eletrónica entre o governo e os seus cidadãos, melhora o desempenho, a eficiência e a eficácia da prestação de serviços públicos, aumenta o processo de desenvolvimento e ajuda as autoridades a utilizarem todos os recursos disponíveis para o seu melhor benefício. Os serviços de administração pública em linha são uma forma rentável de prestar melhores serviços ao próprio governo, aos cidadãos e às empresas, de promover uma administração contributiva aberta e transparente e, por conseguinte, de contribuir para a sustentabilidade económica das regiões (Fang, 2002). A implementação de qualquer estratégia de administração pública em linha coloca muitos novos desafios, mas também grandes oportunidades, aos decisores políticos regionais (Carcary et al., 2013; Gupta et al., 2013; Opitz et al., 2012).

Considera-se que a primeira utilização do termo "governo eletrónico" foi feita pela administração Clinton-AL Gore em 1993. O sítio Web do Banco Mundial apresenta a definição de administração pública em linha como "administração pública em linha", que se refere à utilização pelas agências governamentais de tecnologias da informação (como as redes de grande extensão, a Internet e a computação móvel) que têm a capacidade de transformar as relações com os cidadãos, as empresas e outros ramos da administração pública. Estas tecnologias podem servir uma série de objectivos diferentes: melhor prestação de serviços públicos aos cidadãos, melhores interacções com as empresas e a indústria, capacitação dos cidadãos através do acesso à informação ou gestão governamental mais eficiente. Os benefícios resultantes podem ser menos corrupção, maior transparência, maior conveniência, aumento de receitas e/ou redução de custos" (Mohammad et al., 2009). Uma distinção interessante entre a administração pública eletrónica e a governação eletrónica foi introduzida por Bhatnagar em 2003, quando definiu que "a administração pública eletrónica está preocupada em melhorar o acesso às funções da administração pública, sejam elas serviços ou informações. O termo difere assim da governação eletrónica, que é um conceito mais amplo que abrange a utilização da Internet por políticos ou partidos políticos para obter opiniões dos seus círculos eleitorais ou a publicação de opiniões por organizações da sociedade civil".

A administração pública eletrónica é um grande projeto de sistema de informação a ser construído pelo governo e oferece serviços electrónicos a quatro tipos de clientes (Quadro 2.2): empresas, cidadãos, funcionários e o próprio governo. A administração pública eletrónica tem como objetivo fornecer vários processos governamentais na melhor forma de realizar actividades quotidianas, tais como a digitalização dos registos dos cidadãos, receber feedback da comunidade e automatizar o procedimento de cobrança de impostos utilizando técnicas modernas e mais recentes para melhorar a forma de fornecer serviços eficazes, aumentar a capacidade de colaboração e interação com os cidadãos e alcançar uma maior transparência.

A administração pública eletrónica enfrenta vários tipos de desafios, tais como desafios sociais, económicos, organizacionais e técnicos, o que coloca os governos sob pressão para serem inovadores. Inovador significa que a administração pública em linha deve beneficiar das mais recentes TIC, que aumentam a eficiência, o desempenho e a eficácia do sector público (Palvia e Sharma, 2007; Grönlund e Horan, 2005; Dada, 2006).

Tabela 2.2 Categorias do governo eletrónico (resumidas pelo investigador)

Categoria	Definição
Governo para empresas (**G2B**)	Esta categoria inclui todas as interacções entre as administrações públicas e as empresas, por exemplo: contratação pública eletrónica, pagamento de impostos, renovação e obtenção de licenças e registo de empresas.
Do governo para o cidadão (**G2C**)	Esta categoria inclui todas as interacções entre a administração pública e os seus cidadãos, por exemplo Renovação da carta de condução e pagamento de uma multa de trânsito.
Do governo para o empregado (**G2E**)	Esta categoria refere-se à relação entre a administração pública e os seus funcionários, por exemplo: correio eletrónico, acesso dos funcionários à formação, aprendizagem eletrónica e autorizações de acesso a bases de dados para obter as informações necessárias à prestação de serviços.
Governo para Governo (**G2G**)	Esta categoria inclui a prestação de serviços, a partilha de bases de dados e de recursos entre departamentos e agências governamentais, por exemplo: as iniciativas são também impulsionadas por orçamentos e financiamentos.

2.6.2 Serviços electrónicos

A introdução de soluções de serviços electrónicos no sector público tem tido como principal objetivo o abandono dos tradicionais monopólios e hierarquias de informação. Os serviços electrónicos visam aumentar a conveniência e a acessibilidade dos serviços e informações da administração pública aos cidadãos. A prestação de serviços ao público através da Web pode conduzir a um acesso mais rápido e mais cómodo aos serviços da administração pública, com menos erros. Significa também que as unidades governamentais podem obter maior eficiência, redução de custos e, potencialmente, um melhor serviço ao cliente (Alawneh et al., 2013; Almarabeh e AbuAli, 2010; Elsheikh et al., 2008)

O conceito de e-service (serviço eletrónico) representa uma aplicação proeminente da utilização das tecnologias da informação e da comunicação em diferentes zonas. No entanto, é difícil encontrar uma definição exacta de e-service, uma vez que os investigadores têm utilizado várias definições para descrever o e-service. Apesar das diferentes definições, é possível contestar o facto de todos concordarem com o papel principal da tecnologia na facilitação da prestação de serviços (Al- Shboul et al., 2014).

Parece forçado adotar a abordagem de (Rowley, 2006) que define os serviços electrónicos como: "...actos, esforços ou desempenhos cuja prestação é mediada pela tecnologia da informação. Estes e-serviços incluem o elemento de serviço do comércio eletrónico, o apoio ao cliente e a prestação de serviços". A definição de Rowley considera três componentes principais - o prestador de serviços, o destinatário dos serviços e os canais de prestação de serviços. Por exemplo, no que se refere aos serviços electrónicos da administração pública, a administração pública é o prestador de serviços e os cidadãos, os empregados, a administração pública e as empresas são os destinatários dos serviços. O canal de prestação de serviços é a terceira componente do serviço eletrónico (Kaynama e Black, 2008).

O termo e-serviço tem muitos objectivos e pode ser encontrado em muitas áreas. As áreas de aplicação dominantes dos serviços electrónicos são: negócios electrónicos: serviços electrónicos prestados principalmente por empresas, organizações não governamentais ou sector privado. E a administração pública em linha: serviços em linha fornecidos pela administração pública aos cidadãos, empregados, empresas ou à própria administração pública (o sector público é o lado da oferta). A Importância dos serviços electrónicos identifica os benefícios dos serviços electrónicos como: acesso a uma maior base de clientes, expansão do alcance do mercado, redução da barreira de entrada em novos mercados e do custo de conquista de novos clientes, canal de comunicação com os clientes, aumento dos serviços prestados aos clientes, promoção da imagem da empresa, aquisição de vantagens competitivas e potencial para aumentar o conhecimento dos clientes (Alawneh et al., 2013; Almarabeh e AbuAli, 2010).

Medir a qualidade e a excelência do e-serviço é fundamental num ambiente institucional competitivo (Sukasame, 2005). O modelo de qualidade de serviço SERVQUAL é uma das ferramentas mais utilizadas para medir a qualidade e a excelência do serviço em várias vertentes. O estudo resumiu e utilizou algumas destas medidas principais como: benefício da utilização (Kaynama e Black, 2008); Zeithaml et al., 2002; Chen, 2009), facilidade de acesso (Kaynama e Black, 2008; Zeithaml et al., 2002), interatividade (Featherman et al., 2011), personalização e flexibilidade (Zeithaml et al., 2002).

Vantagens da utilização dos serviços electrónicos:

No serviço eletrónico, é importante informar os clientes sobre as informações correctas relativas à disponibilidade dos produtos ou serviços no momento da compra. Uma informação incorrecta pode ter um impacto negativo na intenção de recompra futura do cliente. Além disso, a flexibilidade na compra pode aumentar a confiança do cliente na empresa. Os dois atributos da dimensão de satisfação são os seguintes: informação sobre os produtos ou serviços disponíveis no momento da compra, o sistema funciona sem problemas no processo de transação, promessas precisas sobre o serviço de entrega no processo de compra, disponibilidade para modificar e/ou adiar o processo de compra a qualquer momento sem compromisso (Tan, 2013).

O serviço eletrónico de informação pode ser considerado como um processo de serviço orientado para a informação. No e-serviço, a informação é vital para que o cliente tome a sua decisão, uma vez que não pode examinar fisicamente o que pretende comprar e o que se passa com a empresa. Os clientes precisam de informações adequadas para tomar a sua decisão de compra e efetuar o seu autosserviço. Os atributos das dimensões da informação são os seguintes: informação actualizada, informação atual e oportuna, informação exacta e relevante, informação fácil de compreender (Li e Suomi, 2009; Tan, 2013).

Facilidade de acesso aos serviços electrónicos:

Os elementos tangíveis da escala SERVQUAL referem-se às instalações físicas, ao equipamento e à aparência do pessoal. No ambiente virtual do serviço eletrónico, os elementos tangíveis devem centrar-se no design do sítio Web, uma vez que este constitui o principal acesso às organizações e a um processo de compra bem sucedido. Uma conceção deficiente do sítio Web pode resultar numa impressão negativa da qualidade do sítio Web para os clientes e estes podem abandonar o processo de compra. O sítio Web é o ponto de partida para os clientes ganharem confiança. Assim, a conceção do sítio Web deve satisfazer os seguintes atributos, a fim de atrair os clientes para efectuarem facilmente compras em linha com uma boa navegação e informações úteis no sítio Web: Website apelativo e bem organizado, navegação consistente e padronizada, aparência bem organizada da interface do utilizador, download rápido, fácil utilização da transação online (Li e Suomi, 2009).

A acessibilidade envolve a acessibilidade e a facilidade de contacto. Significa que: a) o serviço é facilmente acessível por telefone; b) o tempo de espera para receber o serviço não é extenso; c) o horário de funcionamento é conveniente; e d) a localização conveniente das instalações do serviço (Zeithaml et al., 2002). Além disso, a acessibilidade (Oliveira et al., 2016) refere-se à capacidade de um consumidor comprar uma grande variedade de produtos de qualquer parte do mundo através de um retalhista online específico (Chen, 2002). Refere-se também ao número e à qualidade das ligações que um sítio Web oferece (Santos 2003). É consensual entre os inquiridos e os investigadores que o fator importante não é apenas estabelecer as ligações adequadas e evitar as ligações quebradas, mas também manter essas ligações com frequência. A má qualidade do sítio e a acessibilidade prejudicam a qualidade total do serviço eletrónico (Santos 2003; Sukasame, 2005). Além disso, o longo tempo de espera para descarregar um sítio Web ou as baixas velocidades de descarregamento devido a atrasos no acesso, na transmissão ou no servidor podem ser uma fonte de irritação para os utilizadores (Chen, 2002; Oliveira et al., 2016). A acessibilidade ao sítio Web está positivamente relacionada com a satisfação e a confiança, afectando assim o sucesso competitivo dos empresários do comércio eletrónico. Facilidade de utilização Vários investigadores consideram que a facilidade de utilização ou esforço é um fator importante na avaliação de uma opção de serviço eletrónico. De acordo com Santos (2003), a facilidade de utilização envolve esforços físicos, cognitivos e perceptivos exigidos ao cliente. Diz respeito a: a) quão difícil é aprender o sistema; b) quanto deve ser lembrado entre as visitas; c) quão fácil é determinar o que fazer; e d) nível de esforço físico e destreza necessários. Além disso, a facilidade de utilização está relacionada com um endereço URL fácil de memorizar, bem organizado, bem estruturado, catálogo fácil de seguir, navegabilidade do sítio, conteúdos concisos e compreensíveis, termos e condições (Santos 2003). A perceção da facilidade de utilização é relativa às actividades de envio de mensagens, navegação e descarregamento. A facilidade de utilização também reflecte a usabilidade do sítio Web durante a navegação do cliente e visa reduzir a frustração do cliente (Chen, 2009). Por conseguinte, a facilidade de utilização percebida está positivamente relacionada com a satisfação e a confiança, afectando assim o sucesso competitivo dos empresários do comércio eletrónico.

Interatividade dos serviços electrónicos:

A interatividade tem sido um campo de estudo desde há algum tempo (Steuer, 1992). Em termos de conceção de sítios Web, a investigação sobre interatividade testa a forma como os componentes tecnológicos fornecem aos clientes um meio de realizar estimativas ricas de bens e serviços antes da compra (Campbell et al., 2011; Liu e Shrum, 2002). A interatividade em geral tem várias definições que têm sido utilizadas na investigação em linha (Liu e Shrum, 2009). A definição de interatividade sugere que o design do sítio Web deve ser idêntico ao tipo de produto ou serviço oferecido por um prestador de serviços. Para comunicar eficazmente a qualidade dos bens e serviços, o diagnóstico das informações do sítio Web deve ser idêntico à natureza dos bens ou serviços. Talvez, como sugeriram os investigadores, os sinais sobre a qualidade do produto ou serviço incorporados nos sítios Web criem um efeito idêntico ao dos meios de comunicação social que, subsequentemente, afecta as avaliações dos bens intangíveis. Este efeito é sub-ótimo quando os sítios Web oferecem pré-visualizações estáticas e indirectas (por exemplo, texto, imagens e vídeo) de bens de experiência e ótimo quando fornecem pré-visualizações realistas de bens ou serviços com demonstrações interactivas. Aumentar a interatividade da demonstração baseada na Web oferece uma oportunidade para aprofundar a compreensão dos clientes sobre os serviços electrónicos. Quando interagem com interfaces estáticas, as percepções dos clientes sobre os atributos e processos dos serviços electrónicos baseiam-se em experiências passivas de texto, imagens ou clips de vídeo fornecidos pelo serviço. Quando lhes são oferecidas demonstrações práticas interactivas que simulam processos de software, a que chamamos experiências virtuais de serviços electrónicos, os clientes formam percepções baseadas em experiências experimentais simuladas com um serviço eletrónico, o que deve aguçar a sua compreensão dos atributos de um serviço eletrónico (Schlosser, 2003; Shneiderman, 1987; Featherman et al., 2011 ; Tan, 2013).

Personalização e flexibilidade dos serviços electrónicos:

Personalização No serviço eletrónico, a interatividade entre clientes e empresas oferece oportunidades para as empresas obterem informações sobre os clientes, tais como hábitos de compra, necessidades, preferências, etc., o que permite oferecer um serviço personalizado aos clientes. Um serviço personalizado pode melhorar a satisfação do cliente e este sentir-se-á relutante em experimentar outras empresas. Não só os serviços e produtos, mas também o pagamento e a entrega no processo de serviço, podem ser personalizados, com o objetivo de satisfazer todos os requisitos e exigências do cliente. A personalização constitui um veículo para reter o cliente no serviço eletrónico. Os atributos da dimensão de personalização são os seguintes: produtos e serviços personalizados, condições de pagamento personalizadas, condições de entrega personalizadas e design personalizado (Li e Suomi, 2009; Tan, 2013).

2.6.3 Governo eletrónico e computação em nuvem na Jordânia

A administração pública em linha da Jordânia desenvolveu um quadro de arquitetura da administração pública em linha que define as normas da indústria para o desenvolvimento de soluções. O atual quadro de arquitetura foi divulgado a todas as entidades governamentais. Foram realizados vários workshops pelo programa de administração pública em linha para formar os respectivos funcionários públicos sobre as normas incorporadas e sensibilizá-los para a importância de as cumprirem (Elsheikh et al., 2008).

A administração pública eletrónica jordana também lançou o Enterprise Service Bus (ESB) e ligou 84 entidades na Secure Government Network (SGN), abrindo caminho para que as entidades governamentais utilizem estes serviços partilhados para integrar os seus sistemas num ambiente seguro, rápido e fiável. Duas entidades-piloto foram integradas através da ESB e espera-se que mais 17 sejam ligadas até ao final de 2013, com o objetivo de servir a agência do Fundo Nacional de Ajuda, ligando-a a todas as entidades governamentais necessárias para tomar medidas mais rápidas para servir as famílias com baixos ou nenhuns rendimentos na Jordânia. Além disso, o governo eletrónico jordano está prestes a lançar uma infraestrutura para a computação em nuvem que estará disponível para todas as entidades governamentais (Elsheikh et al., 2008; Al-Shboul et al., 2014).

Além disso, todas as entidades governamentais prestam serviços informativos e a maioria oferece serviços interactivos, enquanto muito poucas prestam aos seus beneficiários serviços electrónicos transaccionais. Por conseguinte, considera-se que a Jordânia se encontra atualmente na fase final da transformação da administração pública.

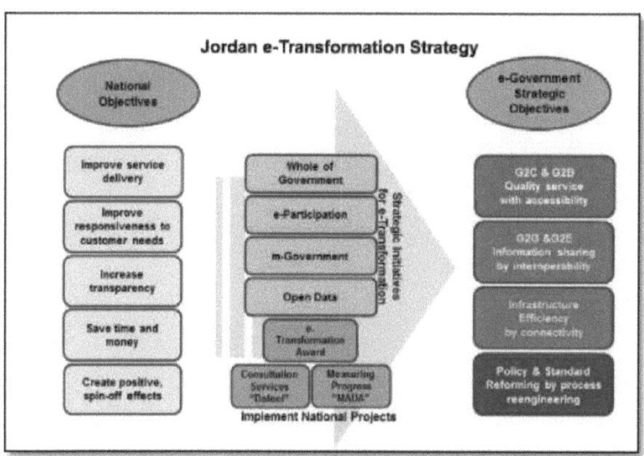

Figura 2.8: Estratégia de transformação eletrónica da Jordânia (MOICT, 2013)

O Ministério das Tecnologias da Informação e das Comunicações (MOICT) anunciou o lançamento de uma plataforma nacional de computação em nuvem em parceria com a Microsoft, o que foi anunciado durante uma cerimónia realizada sob o patrocínio do Primeiro-Ministro em 2 de junho de 2014. A plataforma nacional de computação em nuvem é co-financiada pela Microsoft e pelo MOICT e irá apoiar a parceria estratégica positiva entre a empresa e o Governo da Jordânia. Durante a primeira fase, as entidades governamentais disporão de um centro de dados consolidado, alimentado por tecnologias de computação em nuvem, localizado no Centro Nacional de Tecnologias da Informação. Está ligado a mais de 90 entidades governamentais através de uma rede privada. Nas fases seguintes, espera-se que a plataforma sirva de centro de dados virtual para empresas em fase de arranque e pequenas e médias empresas. Durante uma conferência de imprensa, os principais oradores explicaram que a nuvem nacional reduzirá o ciclo de aquisição de hardware de servidor das entidades governamentais de mais de quatro meses para menos de um dia. Espera-se que a implantação de tecnologias de computação em nuvem permita às entidades governamentais reduzir significativamente as despesas de TI e proporcionar uma flexibilidade sem paralelo em termos de obtenção de recursos de TI. A nuvem nacional também irá operar uma vasta gama de aplicações e programas governamentais que anteriormente exigiam um grande investimento em dispositivos e infra-estruturas informáticas. A Microsoft e o (MOICT) esperam que esta medida reduza ativamente os custos e as despesas operacionais em 15 a 20% durante o primeiro ano e em 40 a 45% nos anos seguintes. Também permitirá ao governo da Jordânia garantir a maximização da potência do servidor, centralizando as suas operações através de um centro de dados unificado (datacenterdynamics.com).

O Governo e a Microsoft estão confiantes de que a plataforma de nuvem nacional irá reforçar a eficiência do desempenho interno e externo de várias entidades e organizações governamentais. A plataforma reduzirá o período de tempo para garantir recursos de TI, em comparação com os extensos procedimentos de concurso de aquisição do governo, permitindo que as organizações se concentrem nas operações principais e obtenham recursos de uma forma mais dinâmica remotamente.

Esta tecnologia de ponta é classificada como TI Verde devido ao facto de reduzir o número de dispositivos e servidores necessários, o que significa que pode efetivamente poupar energia (Almarabeh e AbuAli, 2010; MOICT, 2013).

Capítulo 3

Metodologia e conceção do estudo

3.1Introdução

Este capítulo apresenta a metodologia de investigação que ajudará a compreender a influência dos desafios da adoção da computação em nuvem nos serviços da administração pública eletrónica na Jordânia. Utiliza-se uma abordagem quantitativa para atingir os objectivos da investigação, apresentando e descrevendo a população da amostra do estudo, os métodos, a recolha de dados, os procedimentos, os instrumentos e as técnicas de validade e fiabilidade utilizados no estudo para procurar conclusões e resultados. Os dados primários e secundários serão utilizados para recolher os dados e informações necessários à investigação.

3.2Metodologia do estudo

O objetivo do estudo é identificar os desafios que afectam a adoção da computação em nuvem na administração pública em linha. Para tal, foi seguido o método de inquérito por questionário, no qual os dados foram recolhidos junto dos ministérios e instituições governamentais que adoptaram a computação em nuvem. Para as variáveis identificadas na literatura, o questionário era composto por três partes: (i) valores demográficos (sexo, qualificações, idade e anos de experiência) (ii) desafios da adoção da computação em nuvem como variável independente: (1) segurança e privacidade (Ramgovind et al, 2010 ; Padhy et al., 2011;Tehrani, 2013; Mohammed et al., 2016), (2) qualidade do serviço (Janda et al., 2002; Wei e Blake, 2010), (3) acessibilidade (Wang et al., 2008; Dillon e Chang, 2010), (4) disponibilidade (Vani e Priya, 2014; Mohammed et al., 2016), e (5) integração (Furht e Escalante, 2010). (iii) E os serviços de governo eletrónico como variável dependente medida com quatro dimensões; (1) benefício de utilização (Kaynama e Black, 2008; Chen, 2009; Mas'adeh, 2016), (2) facilidade de acesso (Kaynama e Black, 2008; Killaly, 2011; Mas'adeh, 2016), (3) interatividade (Featherman et al, 2011; Alomari et al., 2012) e (4) personalização & flexibilidade (Zeithaml et al., 2002; Turab et al., 2013; Oliveira et al., 2016) é a variável a ser explicada o efeito da variável independente. Os itens foram enquadrados em escala Likert de 5 pontos.

Foram realizadas duas rondas consecutivas de pré-testes para garantir que os inquiridos compreendessem os itens utilizados no estudo: em primeiro lugar, o questionário foi revisto por investigadores académicos com experiência na conceção de questionários e, em seguida, o questionário foi testado com peritos em TI conhecidos. Além disso, as respostas ao questionário foram recolhidas junto dos profissionais de TI de nível superior e médio dos ministérios que se encontravam em processo de adoção (potenciais adoptantes). Desta forma, foi utilizada uma amostragem intencional para a recolha de dados, na qual os inquiridos foram abordados através de visitas pessoais, correio eletrónico e/ou telefone para saber se tinham conhecimento da computação em nuvem e, em caso afirmativo, se estavam dispostos a adotar a computação em nuvem ou se estavam em vias de o fazer. Em caso afirmativo, foi marcada uma hora adequada para a recolha de dados. A maior parte das respostas foi recolhida através de visitas pessoais aos inquiridos, tendo sido realizada uma conversa antes de obter as suas respostas ao questionário. Outras poucas respostas foram recolhidas através de correio eletrónico. Esta conversa tinha como objetivo compreender o seu grau de preparação para a adoção da computação em nuvem e os seus planos futuros relacionados (Gangwar e Date, 2016).

3.3 População e amostra do estudo

A população do estudo foi selecionada a partir de ministérios específicos da Jordânia para responder às questões de investigação. Os participantes eram os quadros superiores, intermédios e operacionais dos departamentos de gestão da informação e dos departamentos de administração em linha de (12) ministérios e instituições governamentais seleccionados.

De acordo com o Ministério das Tecnologias da Informação e da Comunicação da Jordânia, os ministérios e as instituições governamentais que adoptam a computação em nuvem nos serviços de administração pública eletrónica são (12) ministérios e instituições governamentais; o número total de funcionários envolvidos é (163). Foi realizado um inquérito exaustivo para abranger a população-alvo. O investigador visitou os ministérios mencionados no quadro 3.1. Pedindo autorização para distribuir o questionário do estudo, os ministérios e as instituições governamentais mencionados no quadro deram as boas-vindas e aceitaram cooperar com o investigador através da distribuição de um certo número de questionários do estudo entre a população-alvo do estudo.

Foram distribuídos 163 questionários em doze ministérios, como mostra a tabela seguinte; 98 foram recuperados e válidos para a análise estatística, com uma taxa de resposta de 60%.

Quadro 3.1 Lista dos questionários distribuídos

Não.	Ministério/instituição governamental	Questionário distribuído	Questionário conservado e válido para a análise estatística
1	Ministério da Saúde	10	10
2	Ministério do Ensino Superior e Investigação científica	6	4
3	Ministério da Indústria e do Comércio	10	8
4	Ministério das Tecnologias da Informação e da Comunicação	30	9
5	Tecnologia da Informação Nacional Centro	27	20
6	Ministério do Interior	15	8
7	Serviço do Estado Civil e dos Passaportes	28	22
8	Ministério da Justiça	10	7
9	O Senado	7	4
10	Município da Grande Amã	13	0

11	Fundo do Rei Abdullah II para o Desenvolvimento (KAFD)	2	2
12	Centro de Cancro Rei Hussein (KHCC)	5	4
	Totais	163	98

3.4 Fontes de dados

Os dados foram recolhidos utilizando os dois tipos de dados, os dados primários e os dados secundários.

3.4.1 Dados secundários

Os dados secundários incluem tanto os dados quantitativos como os qualitativos. Existem três subgrupos principais de dados secundários: os dados documentais, os dados de inquéritos e os dados secundários de fontes múltiplas (Saunders, Lewis e Thornhill, 2007).

No presente estudo, o investigador centrar-se-á na utilização do subtipo documental de dados secundários, como livros, artigos, estudos anteriores relacionados com o presente estudo e a Internet.

3.4.2 Dados primários

Os dados primários são novos dados e informações necessários para uma determinada investigação. Os dados primários foram recolhidos de diferentes formas, incluindo observação, entrevistas e questionários.

No presente estudo, o investigador seleccionou o questionário como o instrumento mais adequado para recolher as informações primárias necessárias e requeridas para a investigação, o que facilitará a consecução dos objectivos do estudo.

3.4.3 Dados quantitativos

Os dados quantitativos consistem em dados numéricos. São analisados com recurso à estatística e à matemática. O investigador utilizou a abordagem quantitativa a fim de garantir que os resultados sejam mais fiáveis e científicos.

No modelo teórico proposto, existem duas variáveis: desafios da adoção da computação em nuvem e serviços de administração pública em linha, e cinco hipóteses e, consequentemente, as perguntas do inquérito captaram todas estas duas variáveis para testar estas hipóteses. Por conseguinte, o questionário utilizado neste estudo foi dividido em três partes (ver Apêndice B).

3.5 Medição de escala

Esta secção do capítulo explica a seleção dos itens da escala que são utilizados para medir os construtos neste estudo. As escalas foram desenvolvidas a partir de escalas previamente testadas. Em suma, foi utilizado um total de itens de escala para medir os constructos do modelo. Com exceção das questões demográficas, os construtos foram operacionalizados utilizando uma escala de Likert de 5 pontos, variando de 1 a 5, como se indica a seguir:

Quadro 3.2 Escala de Likert de 5 pontos

Concordo totalmente	Concordar	Concordo até certo ponto	Não concordo	Discordo totalmente
5	4	3	2	1

3.5.1 Tradução do questionário

Dado que a amostra final deste estudo é constituída por pessoas que não falam inglês (utilizadores árabes), foi efectuada a tradução e a retroversão do instrumento.

3.5.2 Fiabilidade e validade

Validade: Para garantir a validade do instrumento (questionário), a validade facial foi avaliada por um painel de peritos. Foi pedido a sete peritos no domínio dos sistemas de informação de gestão (ver apêndice A, nomes dos revisores do questionário) que avaliassem o questionário para 1. Avaliar a relevância da sua concetualização da operação de informação de gestão; 2. Avaliar a adequação da terminologia ao contexto; e 3. Fazer outras sugestões, críticas e comentários sobre o questionário e suas facetas. Em seguida, o investigador visitou o Centro Nacional de Tecnologia da Informação, a instituição governamental operacional na Jordânia, localizada em Amã, e entrevistou o líder da equipa técnica da equipa local de computação em nuvem no departamento de administração pública eletrónica, para se certificar de que todo o conteúdo do questionário é válido e utilizado na administração pública eletrónica atualmente na Jordânia. Depois de considerar as suas sugestões, foi desenvolvida uma versão final do questionário.

Fiabilidade: A análise da fiabilidade aplicou o nível de Alfa de Cronbach (α) como critério de consistência interna. O nível mínimo aceitável sugerido por (Sekaran e Bougie, 2010) (Alpha (α) > 0,7). Os coeficientes são apresentados na Tabela 3.3.

Tabela 3.3 Resultados do teste Alfa de Cronbach (a) para as variáveis do estudo

Variável	N.º de perguntas	Alfa de Cronbach (a)
Variável independente: Desafios da adoção da computação em nuvem	33	95.84%
- Segurança e privacidade	12	88.09%
- Qualidade do serviço	7	90.96%
- Acessibilidade	5	84.37%
- Disponibilidade	5	83.59%
- Integração	4	84.55%
Variável dependente: Serviços de administração pública em linha	23	95.66%
- Vantagem da utilização	5	90%
- Facilidade de acesso	5	88.9%
- Interatividade	6	87.78%
- Personalização e flexibilidade	7	93.55%
Em geral	56	97.38%

Como todos os valores do Alfa de Cronbach são superiores a (0,70), o investigador aprovou que o instrumento é consistente. Finalmente, o coeficiente global do Alfa de Cronbach é igual a (97,38%) e, de acordo com a sugestão de (Sekaran e Bougie, 2010), todos estes níveis de coeficiente são aceites.

3.6 Procedimento de recolha de dados

Para recolher os dados e testar o modelo proposto de desafios da adoção da computação em nuvem que afectam os serviços da administração pública em linha, foi utilizada uma amostra aleatória de funcionários técnicos da administração pública em linha de doze ministérios da Jordânia, que adoptaram técnicas de computação em nuvem para servir os cidadãos, os funcionários e a própria administração pública.

Os questionários foram auto-administrados de diferentes formas: presencialmente, por telefone, por correio eletrónico e pela Internet. Neste estudo, foram escolhidos os métodos de questionário presencial e por correio eletrónico. Este inquérito foi realizado através de um questionário presencial para recolher dados sobre os efeitos dos desafios da adoção da computação em nuvem nos serviços de administração pública em linha na Jordânia junto dos funcionários técnicos da administração pública em linha. Além disso, o investigador enviou o questionário por correio eletrónico a especialistas e amigos. O tempo de resposta ao questionário foi de 6 semanas, durante o período de agosto a setembro de 2016. Após a recolha dos questionários, foi efectuada uma revisão dos dados recolhidos para garantir a exaustividade e a exatidão de todas as entradas. Em seguida, os dados foram introduzidos para serem processados utilizando a aplicação SPSS "statistical package for social sciences" para obter frequências, percentagens, médias e desvios-padrão.

3.7 Métodos de análise de dados

Para a análise dos dados, o investigador utilizou o SPSS para analisar a informação recolhida através do questionário do estudo de investigação. O SPSS irá descrever a amostra e testar as hipóteses do estudo. Ao mesmo tempo, o investigador utilizou os seguintes procedimentos estatísticos para facilitar o processo de análise.

Os dados foram introduzidos no programa. Depois disso, é efectuada a análise inicial dos dados e, em seguida, são tiradas conclusões e recomendações.

Por último, o investigador utilizou os métodos estatísticos adequados que consistem em:

- Alfa de Cronbach (a) para testar a fiabilidade.

- Percentagem e frequência.

- Média aritmética e desvio padrão para responder às perguntas do estudo.

- Regressão múltipla e fator de inflexão da variância como pressuposto para identificar o efeito entre as variáveis do estudo e testar as hipóteses e testar a estatística para inferir a significância da regressão estimada e do seu coeficiente, o que significa o efeito dos factores.

- Importância relativa, aquela que se atribui devido a :

Level of Importance = $\dfrac{\text{Upper limit of response - Lower limit of response}}{\text{Number of levels}}$

Número de níveis (3), como; Alto, Moderado e Baixo.

A tabela 3.4 seguinte mostra como o número de níveis calculados depende da escala de Likert de 5 pontos.

Quadro 3.4 Intervalo da escala do nível de importância

Intervalo médio	Nível
2,33 e menos	Baixa
2,34 a 3,66	Moderado
3.67- 5.00	Elevado

Capítulo 4

Análise de dados e resultados

4.1 Introdução

O capítulo anterior descreveu em pormenor a metodologia de investigação adoptada para testar o método teórico proposto e responder às questões de investigação do estudo. O objetivo deste capítulo é apresentar os resultados da análise dos dados e testar as hipóteses.

4.2 Características demográficas

- Distribuição da amostra de acordo com o género.

Tabela 4.1: Distribuição da amostra de acordo com o género.

Género	Número de inquiridos	Percentagem (%)
Masculino	66	67.3
Feminino	32	32.7
Total	98	100%

Os resultados apresentados na tabela (4.1) mostram que a percentagem de participantes do sexo masculino era de (67,3%) e a de participantes do sexo feminino (32,7%) da amostra. O investigador constatou que: os homens têm três vezes mais probabilidades de ocupar cargos de gestão da informação do que as mulheres devido à natureza dos trabalhos técnicos que requerem disponibilidade 24 horas por dia, 7 dias por semana, e as mulheres estão mais preocupadas com as suas famílias do que com os seus empregos, pelo que não preferem trabalhar nestes cargos.

- Distribuição da amostra de acordo com o nível de habilitações.

Tabela 4.2: Distribuição da amostra de acordo com o nível de qualificações.

Qualificações	Número de inquiridos	Percentagem (%)
Escola secundária	1	1.0
Diploma	5	5.1
Licenciatura.	68	69.4
Mestrado.	22	22.4
Doutoramento	2	2.0
Total	98	100%

Os resultados apresentados na tabela (4.2) mostram que a percentagem de participantes no nível de qualificação B.Sc. foi a mais elevada e igual a (69,4%) e que a percentagem de participantes no ensino secundário foi a mais baixa (1,0%) da amostra. O investigador constatou que, uma vez que a área da gestão da informação necessita de especialistas e se trata de novos postos de trabalho para a administração pública eletrónica, a maioria dos funcionários são detentores de licenciatura.

- Distribuição da amostra de acordo com a idade.

Tabela 4.3: Distribuição da amostra de acordo com a idade.

Idade	Número de inquiridos	Percentagem (%)
20-29	12	12.2
30-39	64	65.3
40-49	17	17.3
50-59	4	4.1
Mais de 60 anos	1	1.0
Total	98	99.9 %

Os resultados apresentados na tabela (4.3) mostram que a percentagem de idades dos participantes (30-39) foi a mais elevada (65,3%) e a dos participantes com mais de 60 anos foi a mais baixa (1,0%) da amostra. Devido ao facto de a computação em nuvem ser uma técnica nova, o investigador constatou que este domínio necessita de especialistas e que se trata de novos postos de trabalho para a administração pública em linha, pelo que a maioria dos participantes tem idades compreendidas entre os 30 e os 39 anos, enquanto os gestores de topo têm idades compreendidas entre os 40 e os 49 anos, uma vez que estes postos necessitam de mais experiência e conhecimentos.

- Distribuição da amostra de acordo com os anos de experiência.

Tabela 4.4: Distribuição da amostra de acordo com os anos de experiência.

Anos de experiência	Número de inquiridos	Percentagem (%)
Menos de 6	12	12.2
6-10	48	49.0
11-15	19	19.4
Mais de 16 anos	19	19.4
Total	98	100%

Os resultados apresentados na tabela (4.4) mostram que a percentagem de anos de experiência dos participantes (6-10) foi a mais elevada (49,0 %) e a percentagem de anos de experiência dos participantes (menos de 6 anos) foi a mais baixa (12,2 %) da amostra. Devido ao facto de a computação em nuvem ser uma técnica nova, o investigador constatou que este domínio necessita de especialistas e que se trata de novos postos de trabalho para a administração pública em linha, pelo que a maioria dos participantes tem anos de experiência entre 6 e 10 anos, enquanto os gestores de topo têm mais de 11 anos de experiência, uma vez que estes postos necessitam de mais experiência e conhecimentos.

4.3 Descrição e análise das variáveis do estudo

Esta secção ilustra as estatísticas descritivas para cada fator e a sua construção como média e desvio padrão, bem como as mesmas medidas para o item que se seguiu a cada um deles e a classificação ao lado do nível de importância. Primeira parte sobre os desafios da adoção da computação em nuvem, que respondeu à primeira pergunta do estudo: "Quais são os desafios que influenciam a adoção da computação em nuvem na Jordânia?

48

Desafios da adoção da computação em nuvem - Segurança e privacidade

A variável independente desafios da adoção da computação em nuvem: medida por cinco desafios Primeiro desafio: segurança e privacidade; em que o investigador desenvolve as perguntas utilizadas para examinar este desafio no questionário a partir dos estudos anteriores de Padhy et al., 2011; Tehrani, 2013 e Mohammed et al., 2016.

Quadro 4.5: Médias e desvio-padrão das respostas individuais nos domínios dos desafios da adoção da computação em nuvem - segurança e privacidade

Não.	Declaração	Meios	Std. Desvio	Nível
1	A obsessão de preservar a segurança dos dados é considerada um desafio para a computação em nuvem	4.2959	0.86405	Elevado
2	O baixo nível de preservação da segurança dos dados é considerado um desafio à adoção da computação em nuvem	4.0918	0.76099	Elevado
3	A computação em nuvem não impede que os dados sensíveis sejam divulgados a pessoas não autorizadas.	4.0000	0.74612	Elevado
4	A aplicação da computação em nuvem não preserva os direitos de autor e a propriedade intelectual	3.9694	0.72445	Elevado
5	Não existe qualquer controlo governamental sobre os dados quando se utiliza a computação em nuvem, uma vez que estes são transferidos para o prestador de serviços	3.8776	0.82818	Elevado
6	Não existe regulamentação suficiente para proteger os utilizadores de eventuais riscos quando utilizam a computação em nuvem.	3.9592	0.83627	Elevado
7	A utilização da computação em nuvem não preserva os dados de possíveis sobreposições entre os utilizadores	4.0612	0.88302	Elevado
8	A utilização da computação em nuvem não impede que os dados sejam encriptados pelos métodos de encriptação mais avançados	4.0714	0.77659	Elevado
9	A utilização da computação em nuvem não impede que os dados sejam transferidos de forma segura de um sítio	4.0000	0.77326	Elevado

		Meios	Std. Desvio	Nível
	para outro.			
10	A utilização da computação em nuvem não preserva a total confidencialidade de todos os tipos de dados	4.2347	0.74337	Elevado
11	A utilização da computação em nuvem não garante a segurança suficiente de todos os instrumentos e equipamentos utilizados.	4.0612	0.74358	Elevado
12	A utilização da computação em nuvem não preserva a conformidade com os regulamentos de entrada completos e documentados que podem ser consultados quando necessário.	3.8980	0. 73904	Elevado
Média global		**4.0434**	**0.51748**	**Elevado**

A tabela (4.5) mostra que as médias variaram entre (3,8776 - 4,2959). A média mais elevada foi para o item {A obsessão de preservar a segurança dos dados é considerada um desafio para a computação em nuvem} com uma média de (4,2959) e um DST (0,95), enquanto a média mais baixa foi para o item Não existem regulamentos suficientes que protejam os utilizadores de possíveis riscos quando utilizam a computação em nuvem. } com médias de (3,8776) e DST (0,82818), a média global deste fator é de (4,0434) e DST (0,51748), o que indica um elevado nível de desafio em termos de segurança e privacidade na adoção da computação em nuvem.

Desafios da adoção da computação em nuvem - Qualidade do serviço

Segundo desafio: qualidade do serviço; o investigador desenvolveu as perguntas utilizadas para examinar este desafio no questionário a partir dos estudos de Janda et al., 2002 e Wei e Blake, 2010.

Tabela 4.6: Médias e desvio-padrão das respostas individuais nos domínios dos desafios da adoção da computação em nuvem - qualidade do serviço

Não.	Declaração	Meios	Std. Desvio	Nível
13	A preservação de um acordo sobre a qualidade do serviço é considerada um desafio para a adoção da computação em nuvem	3.8776	0.81564	Elevado
14	A possível perda de alguns serviços de dados é considerada um desafio à adoção da computação em nuvem	3.8776	0.74978	Elevado
15	A preservação dos direitos de receber notas e da liberdade de seleção de alterações é considerada um	3.3469	0.88635	Moderado

Não.	Declaração	Meios	Std. Desvio	Nível
	desafio para a adoção da computação em nuvem			
16	A preservação dos direitos de conhecer antecipadamente as restrições técnicas e os requisitos dos serviços é considerada um desafio para a adoção da computação em nuvem	3.1735	0.83759	Moderado
17	A preservação dos direitos de conhecer os requisitos legais no país do prestador de serviços é considerada um desafio para a adoção da computação em nuvem.	3.0408	0.81124	Moderado
18	A preservação dos direitos de conhecer os procedimentos e a política do processo de segurança é considerada um desafio para a adoção da computação em nuvem	3.0000	0.89673	Moderado
19	A preservação da competência para o serviço eletrónico é considerada um desafio para a adoção da computação em nuvem	3.1735	0.87373	Moderado
Média global		**3.3557**	**0.67639**	**Moderado**

A tabela (4.6) mostra que as médias variaram entre (3,0000 - 3,8776). As médias mais elevadas foram as dos itens {A preservação de um acordo sobre a qualidade do serviço é considerada um desafio para a adoção da computação em nuvem} e {A possível perda de algum serviço de dados é considerada um desafio para a adoção da computação em nuvem} com médias de (3,8776) e DST (0,81564, 0,74978) respetivamente, enquanto a mais baixa foi a do item {A preservação dos direitos de conhecer os procedimentos e a política do processo de segurança é considerada um desafio para a adoção da computação em nuvem. } com médias de (3,000) e DST (0,89673), a média global deste fator é de (3,3557) e DST (0,67639), o que indica um nível moderado de desafio da qualidade do serviço na adoção da computação em nuvem.

Desafios da adoção da computação em nuvem - Acessibilidade

Terceiro desafio: acessibilidade; em que o investigador desenvolve as perguntas utilizadas para examinar este desafio no questionário a partir dos estudos de Wang et al., 2008 e Dillon e Chang, 2010.

Tabela 4.7: Médias e desvio-padrão das respostas individuais nos domínios dos desafios da adoção da computação em nuvem - acessibilidade

Não.	Declaração	Meios	Std. Desvio	Nível
25	A capacidade de acesso contínuo em caso de perda súbita de ligação é considerada um desafio para a adoção da	3.7959	0.81176	Elevado

	computação em nuvem			
26	A capacidade variável de ligação à rede em função da localização é considerada um desafio para a adoção da computação em nuvem	3.6735	0.91691	Elevado
27	A distinção adequada e completa entre deveres e empregos é considerada um desafio para a adoção da computação em nuvem	3.7857	0.85253	Elevado
28	A capacidade de chegar ao suporte técnico responsável pelos dados é considerada um desafio para a adoção da computação em nuvem	3.8571	0.74612	Elevado
29	A capacidade de aceder à própria interface da nuvem, quer através do navegador quer através das aplicações dos instrumentos, é considerada um desafio para a adoção da computação em nuvem	4.1224	0.78995	Elevado
Média global		**3.8469**	**0.64139**	**Elevado**

A tabela (4.7) mostra que as médias variaram entre (3,6735- 4,1224). A média mais elevada foi a do item {A capacidade de aceder à própria interface da nuvem, quer através do browser quer através das aplicações do instrumento, é considerada um desafio para a adoção da computação em nuvem} com uma média de (4,1224) e um DTS (0.78995) , enquanto a mais baixa foi para o item {As capacidades variáveis para se ligar à rede de acordo com a localização são consideradas um desafio para adotar a computação em nuvem} com médias de (3,6735) e DST (0,91691), as médias globais deste fator são (3,8469) e DST (0,64139) , o que indica um elevado nível de desafio de acessibilidade na adoção da computação em nuvem.

Desafios da adoção da computação em nuvem - Disponibilidade

Quarto desafio: disponibilidade; onde o investigador desenvolve as perguntas utilizadas para examinar este desafio no questionário a partir dos estudos de Vani e Priya, 2014 e Mohammed et al., 2016.

Quadro 4.8: Médias e desvio-padrão das respostas individuais nos domínios dos desafios da adoção da computação em nuvem - disponibilidade

Não.	Declaração	Meios	Std. Desvio	Nível
20	As fracas capacidades técnicas de ligação à Internet são consideradas um desafio para a adoção da computação em nuvem	3.1633	0.80838	Moderado
21	Informação governamental deficiente	3.2653	0.89155	Moderado

Não.	Declaração	Meios	Std. Desvio	Nível
	sistemas tecnológicos é considerado um desafio para a adoção da computação em nuvem			
22	O fraco papel do governo na prestação do serviço é considerado um desafio à adoção da computação em nuvem	3.7347	0.72583	Elevado
23	As fracas capacidades para fornecer dados de base a todos os utilizadores em tempo real As fracas capacidades para fornecer dados de base a todos os utilizadores em tempo real são consideradas um desafio para a adoção da computação em nuvem	3.6939	0.70941	Elevado
24	A fraca capacidade de fornecer dados de base a todos os utilizadores a partir de qualquer instrumento A fraca capacidade de fornecer dados de base a todos os utilizadores em tempo real é considerada um desafio para a adoção da computação em nuvem	3.9796	0.89649	Elevado
Média global		**3.5673**	**0.63551**	**Moderado**

A tabela (4.8) mostra que as médias variaram entre (3,1633- 3,9796). A média mais elevada foi a do item {As fracas capacidades para fornecer dados de base a todos os utilizadores a partir de qualquer instrumento As fracas capacidades para fornecer dados de base a todos os utilizadores em tempo real são consideradas um desafio para a adoção da computação em nuvem} com uma média de (3,9796) e um DST (0. 89649) , enquanto o valor mais baixo foi para o item {As fracas capacidades técnicas de ligação à Internet são consideradas um desafio para a adoção da computação em nuvem} com médias de (3,1633) e DST (0,80838), as médias globais deste fator são (3,5673) e DST (0,63551) , o que indica um nível moderado de disponibilidade do desafio da adoção da computação em nuvem.

Desafios da adoção da computação em nuvem - Integração

Quinto desafio: integração; onde o pesquisador desenvolve as questões utilizadas para examinar este desafio no questionário a partir dos estudos de Furht e Escalante, 2010.

Quadro 4.9: Médias e desvio-padrão das respostas individuais nos domínios dos desafios da adoção da computação em nuvem - integração

Não.	Declaração	Meios	Std. Desvio	Nível
30	Os actuais critérios internacionais disponíveis para a Web são considerados um desafio para a integração de aplicações de computação em nuvem.	3.7245	0.71480	Elevado

31	Os baixos padrões das aplicações de computação em nuvem, em comparação com as aplicações tradicionais de ambiente de trabalho, são considerados um desafio à integração das aplicações de computação em nuvem.	3.5816	0.81131	Moderado
32	A fusão de dados pessoais, como calendários e listas de contactos, em diferentes programas de aplicação é considerada um desafio para a integração de aplicações de computação em nuvem.	3.6020	0.74252	Moderado
33	A consolidação do registo de entrada (nome de utilizador e palavra-passe) para todas as diferentes aplicações pessoais é considerada um desafio para a integração da aplicação de computação em nuvem.	3.7041	0.78922	Elevado
Média global		**3.6531**	**0.63269**	**Moderado**

A tabela (4.9) mostra que as médias variaram entre (3,5816 - 3,7245). A média mais elevada foi a do item {As capacidades variáveis de ligação à Internet de acordo com a localização são consideradas um desafio para a adoção da computação em nuvem} com uma média de (4,1224) e um DTS (0.78995) , enquanto a mais baixa foi para o item {As fracas capacidades técnicas de ligação à Internet são consideradas um desafio para a adoção da computação em nuvem} com médias de (3,6735) e DST (0,91691), as médias globais deste fator são (3,6531) e DST (0,63269) , o que indica um nível moderado de desafio de integração da adoção da computação em nuvem.

A segunda parte, sobre os serviços de administração pública em linha, respondia à segunda pergunta do estudo: "Qual é o nível de serviço dos serviços de administração pública em linha na Jordânia?

Serviços de administração pública em linha - Benefícios da utilização:

A variável dependente: serviços de administração pública em linha medidos em quatro dimensões.

Primeiro: benefício da utilização; em que o investigador desenvolve as perguntas utilizadas para examinar este fator no questionário a partir dos estudos anteriores de Kaynama e Black, 2008; Chen, 2009 e Mas'adeh, 2016.

Quadro 4.10: Médias e desvio-padrão das respostas individuais sobre os benefícios da utilização dos serviços da administração pública em linha.

Não.	Declaração	Meios	Std. Desvio	Nível
1	Com a utilização de serviços governamentais electrónicos em estabelecimentos e departamentos governamentais, a o fluxo de trabalho tornou-se mais eficiente	3.6939	0.75174	Elevado

2	Com a utilização de serviços governamentais electrónicos, as transacções governamentais consomem menos papel	3.6939	0.79182	Elevado
3	Com a utilização de serviços governamentais electrónicos, as transacções governamentais têm custos mais baixos e consomem menos transportes e comunicações.	4.0102	0.77983	Elevado
4	Com a utilização de serviços governamentais electrónicos, as filas de espera para obter o que preciso dos serviços governamentais são mais curtas	3.8265	0.84981	Elevado
5	a utilização de serviços governamentais electrónicos contribui para o aumento da transparência e para a redução da corrupção	3.7653	0.89444	Elevado
Média global		**3.7980**	**0.68894**	**Elevado**

A tabela (4.10) mostra que as médias variaram entre (3,6939 - 4,0102). A média mais elevada foi para o item {Com a utilização de serviços governamentais electrónicos, as transacções governamentais têm custos mais baixos, consomem menos transporte e comunicação. } com média de (4,0102) e STD (0,77983), enquanto a menor foi para os itens {Com a utilização de serviços governamentais electrónicos nos estabelecimentos e departamentos governamentais, o fluxo de trabalho tornou-se mais eficiente } e {Com a utilização de serviços governamentais electrónicos, as transacções governamentais consomem menos papel }com médias de (3.6939) e DST (0,75174, 0,79182), respetivamente, a média global deste fator é (3,7980) e DST (0,68894), o que indica um elevado nível de resposta sobre os benefícios da utilização dos serviços da administração pública eletrónica.

Serviços de administração pública em linha - Facilidade de acesso

Segundo: facilidade de acesso; o investigador desenvolveu as perguntas utilizadas para examinar este fator no questionário a partir dos estudos anteriores de Kaynama e Black, 2008; Killaly, 2011 e Mas'adeh, 2016).

Quadro 4.11: Médias e desvio-padrão das respostas individuais sobre a facilidade de acesso aos serviços da administração pública em linha.

Não.	Declaração	Meios	Std. Desvio	Nível
6	Facilidade de acesso à informação através de sítios electrónicos governamentais	3.8163	0.88919	Elevado
7	Em média, o tempo necessário para obter informações através do sistema eletrónico governamental	4.1429	0.67350	Elevado
	é inferior ao consumo obtido por pessoa.			
8	Em média, o tempo necessário para concluir um pedido	3.9796	0.75954	Elevado

	de serviço através de sítios electrónicos governamentais é inferior ao tempo consumido para obter um serviço pessoalmente.			
9	A resposta aos serviços governamentais através dos sítios electrónicos governamentais é rápida.	4.0000	0.75982	Elevado
10	Os serviços governamentais podem ser contactados em qualquer altura.	3.9796	0.75954	Elevado
Média global		**3.9837**	**0.64195**	**Elevado**

A tabela (4.11) mostra que as médias variaram entre (3,8163 - 4,1429). A média mais elevada foi a do item {Em média, o tempo necessário para obter informações através de sítios electrónicos governamentais é inferior ao tempo consumido por uma pessoa}, com uma média de (4,1429) e um DTS (0.67350), enquanto a mais baixa foi para o item {É fácil aceder à informação através dos sítios electrónicos governamentais} com médias de (3,8163) e DST (0,88919), as médias globais deste fator são (3,9837) e DST (0,64195), o que indica um nível elevado de resposta sobre a facilidade de acesso aos serviços da administração pública eletrónica.

Serviços de administração pública em linha - Interatividade

Terceiro: interatividade; onde o investigador desenvolve as questões utilizadas para examinar este fator no questionário a partir dos estudos anteriores de Featherman et al., 2011 e Alomari et al., 2012.

Quadro 4.12: Médias e desvio-padrão das respostas individuais sobre a interatividade dos serviços da administração pública em linha.

Não.	Declaração	Meios	Std. Desvio	Nível
11	As informações são actualizadas instantaneamente através dos sítios electrónicos governamentais	3.7449	0.76403	Elevado
12	O correio eletrónico enviado ao prestador de serviços é suficiente para obter o serviço eletrónico.	3.5408	0.85154	Moderado
13	O apoio técnico aos serviços electrónicos dos utilizadores está disponível 7/24	3.5306	0.77598	Moderado
14	O sítio eletrónico proporciona um espaço ativo para sugestões e reclamações	3.6531	0.81357	Moderado
15	As reacções nos sítios electrónicos governamentais são boas e fazem prevalecer os pontos fracos dos serviços atualmente disponíveis	3.7449	0.79055	Elevado

16	A interatividade do sistema utilizado impede que os utilizadores sejam pirateados e a entrada de utilizadores não autorizados	3.8367	0.72785	Elevado
Média global		**3.6752**	**0.62102**	**Elevado**

A tabela (4.12) mostra que as médias variaram entre (3,5306-3,8367). A média mais elevada foi a do item {A interatividade do sistema utilizado impede a pirataria informática e a entrada de utilizadores não autorizados}, com uma média de (3,8367) e um DTS (0.72785), enquanto a mais baixa foi para o item {O apoio técnico aos serviços dos utilizadores electrónicos está disponível 7/24} com médias de (3,5306) e DST (0,77598), as médias globais deste fator são (3,6752) e DST (0,62102), o que indica um elevado nível de resposta sobre a interatividade dos serviços da administração pública em linha.

Serviços de administração pública eletrónica - Personalização e flexibilidade

Quarto: personalização & flexibilidade; onde o pesquisador desenvolve as perguntas utilizadas para examinar este fator no questionador a partir dos estudos anteriores de Zeithaml et al., 2002; Turab et al., 2013 e Oliveira et al., 2016.

Tabela 4.13: Médias e desvio-padrão das respostas individuais sobre a personalização e a flexibilidade dos serviços de administração pública em linha.

Não.	Declaração	Meios	Std. Desvio	Nível
17	É fácil interagir com a interface do utilizador nos sítios electrónicos governamentais	4.1735	0.71832	Elevado
18	Janelas de serviços governamentais As janelas governamentais são consideradas classificadas de acordo com os dados primários do utilizador	4.0102	0.76650	Elevado
19	O processo de interface do utilizador de acordo com a identidade do utilizador diminui a capacidade de pirataria e de pessoas não autorizadas.	3.9694	0.76595	Elevado
20	Existe flexibilidade no fluxo de informação através dos sítios dos serviços governamentais	4.0816	0.76890	Elevado
21	As interacções através dos serviços electrónicos são consideradas mais flexíveis do que as interacções pessoais no departamento governamental	4.2143	0.80270	Elevado
22	É possível terminar os procedimentos dos serviços electrónicos em qualquer fase, caso estes fiquem	4.1122	0.75822	Elevado

	indisponíveis por qualquer motivo			
23	Existe flexibilidade na utilização de serviços electrónicos a qualquer hora e em qualquer lugar	4.1429	0.71796	Elevado
Média global		**4.1006**	**0.64321**	**Elevado**

A tabela (4.13) mostra que as médias variaram entre (3,9694 - 4,2143). A média mais elevada foi para o item {A interação através dos serviços electrónicos é considerada mais flexível do que a interação pessoal no departamento governamental} com uma média de (4,2143) e um DST (0,80270), enquanto a média mais baixa foi para o item {O processo de interface do utilizador de acordo com a identidade do utilizador diminui a capacidade de pirataria informática e de pessoas não autorizadas.} com uma média de (3,9694) e DST (0,76595), a média global deste fator é de (4,1006) e DST (0,64321), o que indica um nível de resposta elevado sobre a personalização e flexibilidade dos serviços de administração pública em linha.

4.4 Teste de hipóteses

Com base no problema de estudo e na revisão da literatura, foram testadas cinco hipóteses neste estudo. Tal como discutido no capítulo 3, foi utilizado o pacote estatístico para as ciências sociais (SPSS) para testar as hipóteses, tendo sido utilizados muitos critérios estatísticos na análise, como a regressão múltipla, o teste F para a significância das equações estimadas, o teste t para a significância do efeito da variável independente (ID) na variável dependente (DV) e o coeficiente de determinação (R^2) para saber como a (ID) explica a variação na (DV).

Teste de Kolmogorov-Smirnov de uma amostra

Foi efectuado um teste de distribuição normal dos dados recolhidos, a fim de verificar se os dados se encontram ou não sob a distribuição normal, tendo sido efectuado um teste (Teste de Kolmogorov-Smirnov de uma amostra), sendo os termos de distribuição natural o valor de Sig superior a (0,05) dos dados e inferior ao valor de KS (5), como se pode ver na tabela (4.14).

Quadro 4.14 Teste de distribuição normal

Variáveis	Meios	Desenvolvimento padrão	K-S	sig
Desafios da adoção da computação em nuvem	**3.7483**	**0.52730**	**0.695**	**0.722**
Segurança e privacidade	4.0434	0.51748	1.057	0.214
Qualidade do serviço	3.3557	0.67639	0.742	0.640
Acessibilidade	3.5673	0.63551	1.112	0.196
Disponibilidade	3.8469	0.64139	1.059	0.212
Integração	3.6531	0.63269	1.350	0.052
Serviços de administração pública eletrónica	**3.8984**	**0.55882**	**0.792**	**0.557**
Vantagem da utilização	3.7980	0.68894	0.971	0.302

Facilidade de acesso	3.9837	0.64195	1.111	0.170
Interatividade	3.6752	0.62102	0.853	0.461
Personalização e flexibilidade	4.1006	0.64321	1.210	0.061

Os resultados apresentados no quadro (4.14) mostram que os valores (K-S) são inferiores a (5) e que o valor sig é superior a (0,05), o que significa que os dados têm uma distribuição normal.

O teste de inflação da variância (VIF):

Para garantir a disponibilidade da condição mencionada, o pesquisador extraiu o coeficiente (inflação variabilidade VIF) e (variação permitida Tolerância) após o procedimento de tratamento estatístico, indicando a Tabela (4.15) que o coeficiente de variação permitida para as variáveis independentes foi menor que (1) e maior que (0,01) como coeficiente de inflação os valores de variação foram menores que (10) onde é uma indicação de que não há alta correlação entre as variáveis independentes e isso demonstra a aceitação dos valores e eles são adequados para uma análise de regressão linear múltipla e, assim, testar as hipóteses do estudo.

A tabela número (4.15) refere que a tolerância aceitável para as dimensões das variáveis independentes foi inferior a um (1) e superior a (0,01), para além de o VIF ter sido inferior a (10).

Tabela 4.15 Resultados do teste VIF

Desafios da adoção da computação em nuvem	VIF	Tolerância
Segurança e privacidade	2.419	0.413
Qualidade do serviço	3.637	0.275
Disponibilidade	6.409	0.156
Acessibilidade	4.834	0.207
Integração	2.413	0.414

Este teste foi utilizado para garantir que não há interferência entre as cinco dimensões da variável independente antes de testar a hipótese de estudo. Estes resultados indicam que não há interferência entre as dimensões da variável independente e que o modelo de estudo é bom.

4.4.1 Hipótese principal Ho1: Não existe um impacto estatisticamente significativo dos desafios de adoção da computação em nuvem (segurança e privacidade, qualidade do serviço, acessibilidade, disponibilidade e integração) nos serviços de administração pública eletrónica na Jordânia ao nível significativo ($\alpha \leq 0,05$).

Os testes responderam à terceira pergunta do estudo: "Qual é a influência dos desafios da adoção da computação em nuvem nos serviços de administração pública em linha na Jordânia? '.

Para testar esta hipótese, este estudo recorreu à análise de regressão múltipla para avaliar o impacto dos desafios da adoção da computação em nuvem nos serviços de administração pública em linha na Jordânia. O quadro (4.16) apresenta os resultados do teste de regressão múltipla para a influência dos desafios independentes da adoção da computação em nuvem na variável dependente serviços de administração pública em linha.

Tabela 4.16: Resultados do teste do coeficiente de regressão relativo à hipótese Ho1

	B	Beta	T	Sig.
Segurança e privacidade	0.068	0.063	0.686	0.494
Qualidade do serviço	0.073	0.088	0.781	0.437
Acessibilidade	0.156	0.177	1.185	0.239
Disponibilidade	0.069	0.079	0.611	0.543
Integração	0.453	0.513	5.594	0.00*
R	0.824			
R^2	0.679			
R ajustado^2	0.662			
F	38.922			
Sig.	0.00*			

Os resultados do cálculo apresentam valores de F iguais (38,922) e o valor significativo de F é (0,00), que é inferior a ($\alpha \leq 0,05$).

Isto fornece provas para rejeitar a hipótese principal que afirma: Não há impacto estatisticamente significativo dos desafios de adoção da computação em nuvem (segurança e privacidade, qualidade do serviço, acessibilidade, disponibilidade e integração) nos serviços de governo eletrónico na Jordânia ao nível significativo ($\alpha \leq 0,05$).

O R ajustado^2 para a hipótese é igual a (0,662), o que significa que os desafios da adoção da computação em nuvem têm um impacto de cerca de 66,2% nos serviços de administração pública em linha na Jordânia. Além disso, o R é igual a 82,4%, o que significa que existe uma forte relação entre as variáveis.

De uma só vez, o quadro apresenta também o teste T para cada variável independente das cinco dimensões dos desafios de adoção da computação em nuvem (segurança e privacidade, qualidade do serviço, acessibilidade, disponibilidade e integração).

O quadro ilustra o seguinte:

1. Não existe um impacto estatisticamente significativo do desafio da segurança e da privacidade da computação em nuvem nos serviços de administração pública eletrónica na Jordânia, porque o valor t calculado é (0,494), que é superior a ($\alpha \leq 0,05$).

2. Não há impacto estatisticamente significativo do desafio da qualidade do serviço de computação em nuvem nos serviços de governo eletrónico na Jordânia, porque o valor t calculado é significativo (0,437), que é superior a ($\alpha \leq 0,05$).

3. Não existe um impacto estatisticamente significativo do desafio da acessibilidade da computação em nuvem nos serviços de administração pública eletrónica na Jordânia, porque o valor t calculado é (0,239), que é

superior a ($\alpha\leq0,05$).

4. Não existe um impacto estatisticamente significativo da disponibilidade do desafio da computação em nuvem nos serviços de administração pública em linha na Jordânia, porque o valor t calculado é (0,543), que é superior a ($\alpha\leq0,05$).

5. Existe um impacto estatisticamente significativo do desafio da integração da computação em nuvem nos serviços de administração pública em linha na Jordânia, porque o valor t calculado é (0,00), que é inferior a ($\alpha\leq0,05$).

Comparando estes resultados com os estudos de Mohammed et al., 2016 e Mas'adeh, 2016, o investigador constatou que os desafios da adoção da computação em nuvem estão a influenciar os serviços de administração pública em linha na Jordânia, tal como afectaram os serviços em linha no Iémen, nos EAU e na KSA.

4.4.2 Hipótese menor Ho1.1: Não existe um impacto estatisticamente significativo dos desafios de adoção da computação em nuvem (segurança e privacidade, qualidade do serviço, acessibilidade, disponibilidade e integração) nos benefícios da utilização dos serviços de administração pública eletrónica na Jordânia ao nível significativo ($\alpha\leq0,05$).

Para testar esta hipótese, este estudo recorreu à análise de regressão múltipla para avaliar o impacto dos desafios da adoção da informática (segurança e privacidade, qualidade do serviço, acessibilidade, disponibilidade e integração) no benefício da utilização dos serviços da administração pública em linha. O quadro (4.17) apresenta os resultados do teste de regressão múltipla para a influência dos desafios da adoção da informática (segurança e privacidade, qualidade do serviço, acessibilidade, disponibilidade e integração) no benefício da utilização dos serviços da administração pública em linha.

Quadro 4.17: Resultados do teste do coeficiente de regressão relativo à hipótese H01.1

	B	Beta	T	Sig.
Segurança e privacidade	0.135	0.101	0.972	0.334
Qualidade do serviço	-0.130	-0.127	-0.995	0.322
Acessibilidade	0.323	0.298	1.753	0.083
Disponibilidade	-0.070	-0.065	-0.443	0.659
Integração	0.660	0.606	5.818	0.00*
R	0.766			
R²	0.586			
R ajustado²	0.564			
F	26.065			
Sig.	0.00*			

Os resultados do cálculo apresentam valores de F iguais (26,065) e o valor significativo de F é (0,00), que é inferior a ($\alpha\leq0,05$).

Isto fornece provas para rejeitar a hipótese menor que afirma: Não existe um impacto estatisticamente significativo dos desafios de adoção da computação em nuvem (segurança e privacidade, qualidade do serviço, acessibilidade, disponibilidade e integração) sobre o benefício da utilização de serviços de governo eletrónico na Jordânia ao nível significativo ($\alpha \leq 0{,}05$).

O R ajustado[2] para a hipótese é igual a (0,584), o que significa que os desafios da adoção da computação em nuvem têm um impacto de cerca de 58,4% nos benefícios da utilização dos serviços de administração pública em linha na Jordânia. Para além disso, o R é igual a 76,6%, o que significa que existe uma forte relação entre as variáveis. O quadro apresenta igualmente o teste T para cada variável independente das cinco dimensões dos desafios da adoção da computação em nuvem (segurança e privacidade, qualidade do serviço, acessibilidade, disponibilidade e integração).

O quadro ilustra o seguinte:

1. Não existe um impacto estatisticamente significativo do desafio da segurança e da privacidade da computação em nuvem sobre os benefícios da utilização dos serviços de administração pública em linha na Jordânia, porque o valor t calculado é significativo (0,334), que é superior a ($\alpha \leq 0{,}05$).

2. Não há impacto estatisticamente significativo do desafio da qualidade do serviço de computação em nuvem no benefício da utilização de serviços de governo eletrónico na Jordânia, porque o valor t calculado é significativo (0,322), que é superior a ($\alpha \leq 0{,}05$).

3. Não existe um impacto estatisticamente significativo do desafio da acessibilidade da computação em nuvem no benefício da utilização dos serviços de administração pública eletrónica na Jordânia, porque o valor t calculado é (0,083), que é superior a ($\alpha \leq 0{,}05$).

4. Não existe um impacto estatisticamente significativo da disponibilidade do desafio da computação em nuvem no benefício da utilização dos serviços de administração pública em linha na Jordânia, porque o valor t calculado é (0,659), que é superior a ($\alpha \leq 0{,}05$).

5. Existe um impacto estatisticamente significativo do desafio da integração da computação em nuvem no benefício da utilização dos serviços de administração pública em linha na Jordânia, uma vez que o valor t calculado é significativo (0,00), o que é inferior a ($\alpha \leq 0{,}05$).

Comparando estes resultados com os estudos de Naseem e Sasanka, 2014 e Alshehri et al., 2014, o investigador concluiu que os desafios da adoção da computação em nuvem estão a influenciar os benefícios da utilização dos serviços de administração pública em linha na Jordânia, tal como afectaram os serviços electrónicos nos estudos anteriores.

4.4.3 Hipótese menor Ho1.2: Não há impacto estatisticamente significativo dos desafios de adoção da computação em nuvem (segurança e privacidade, qualidade do serviço, acessibilidade, disponibilidade e integração) na facilidade de acesso aos serviços de governo eletrónico na Jordânia ao nível significativo ($\alpha \leq 0{,}05$).

Para testar esta hipótese, este estudo recorreu à análise de regressão múltipla para avaliar o impacto dos desafios da adoção da informática (segurança e privacidade, qualidade do serviço, acessibilidade, disponibilidade e integração) na facilidade de acesso aos serviços da administração pública em linha. A Tabela (4.18) apresenta os resultados do teste de regressão múltipla para a influência dos desafios da adoção da informática (segurança e privacidade, qualidade do serviço, acessibilidade, disponibilidade e integração) na facilidade de acesso aos serviços da administração pública em linha.

Tabela 4.18: Resultados do teste do coeficiente de regressão relativo à hipótese Ho1.2

	B	Beta	T	Sig.
Segurança e privacidade	0.308	0.248	2.256	0.026*
Qualidade do serviço	0.047	0.050	0.370	0.712
Acessibilidade	0.139	0.138	0.770	0.443
Disponibilidade	0.060	0.061	0.394	0.695
Integração	0.347	0.342	3.117	0.02*
R	0.735			
R²	0.541			
R ajustado²	0.516			
F	21.653			
Sig.	0.00*			

Os resultados do cálculo apresentam valores de F iguais (21,653) e o valor significativo de F é (0,00), que é inferior a ($\alpha \leq 0,05$).

Isto fornece provas para rejeitar a hipótese menor que afirma: Não existe um impacto estatisticamente significativo dos desafios de adoção da computação em nuvem (segurança e privacidade, qualidade do serviço, acessibilidade, disponibilidade e integração) na facilidade de acesso aos serviços de governo eletrónico na Jordânia ao nível significativo ($\alpha \leq 0,05$).

O R ajustado² para a hipótese é igual a (0,516), o que significa que os desafios da adoção da computação em nuvem têm um impacto de cerca de 51,6% na facilidade de acesso aos serviços de administração pública em linha na Jordânia. Para além disso, o R é igual a 73,3%, o que significa que existe uma forte relação entre as variáveis. O quadro também apresenta o teste T para cada variável independente das cinco dimensões dos desafios da adoção da computação em nuvem (segurança e privacidade, qualidade do serviço, acessibilidade, disponibilidade e integração).

O quadro ilustra o seguinte:

1. Existe um impacto estatisticamente significativo do desafio da segurança e da privacidade da computação em nuvem na facilidade de acesso aos serviços de administração pública em linha na Jordânia, porque o valor t calculado é significativo (0,026), o que é inferior a ($\alpha \leq 0,05$).

2. Não há impacto estatisticamente significativo do desafio da qualidade do serviço de computação em nuvem na facilidade de acesso aos serviços de governo eletrónico na Jordânia, porque o valor t calculado é

significativo (0,712), que é superior a ($\alpha \leq 0,05$).

3. Não existe um impacto estatisticamente significativo do desafio da acessibilidade da computação em nuvem na facilidade de acesso aos serviços de administração pública em linha na Jordânia, porque o valor t calculado é significativo (0,443), que é superior a ($\alpha \leq 0,05$).

4. Não há impacto estatisticamente significativo da disponibilidade do desafio da computação em nuvem na facilidade de acesso aos serviços de administração pública eletrónica na Jordânia, porque o valor t calculado é (0,695), que é superior a ($\alpha \leq 0,05$).

5. Existe um impacto estatisticamente significativo do desafio da integração da computação em nuvem na facilidade de acesso aos serviços de administração pública em linha na Jordânia, uma vez que o valor t calculado é (0,02), que é inferior a ($\alpha \leq 0,05$).

Comparando estes resultados com os estudos de Alshehri et al., 2014 e Tan et al., 2014; o investigador constatou que os desafios da adoção da computação em nuvem estão a influenciar a facilidade de acesso aos serviços da administração pública em linha na Jordânia, tal como afectaram os serviços electrónicos nos estudos anteriores.

4.4.4 Hipótese menor Ho1.3: Não há impacto estatisticamente significativo dos desafios de adoção da computação em nuvem (segurança e privacidade, qualidade do serviço, acessibilidade, disponibilidade e integração) na interatividade dos serviços de governo eletrónico na Jordânia ao nível significativo ($\alpha \leq 0,05$).

Para testar esta hipótese, este estudo recorreu à análise de regressão múltipla para avaliar o impacto dos desafios da adoção da informática (segurança e privacidade, qualidade do serviço, acessibilidade, disponibilidade e integração) na interatividade dos serviços da administração pública em linha. A tabela (4.19) apresenta os resultados do teste de regressão múltipla para a influência dos desafios da adoção da informática (segurança e privacidade, qualidade do serviço, acessibilidade, disponibilidade e integração) na interatividade dos serviços da administração pública em linha.

Tabela 4.19: Resultados do teste do coeficiente de regressão relativo à hipótese Ho1.3

	B	Beta	T	Sig.
Segurança e privacidade	-0.142	-0.118	-1.123	0.264
Qualidade do serviço	0.442	0.482	3.735	0.00*
Acessibilidade	0.029	0.029	0.171	0.865
Disponibilidade	-0.059	-0.061	-0.409	0.684
Integração	0.479	0.488	4.645	0.00*
R	0.761			
R^2	0.579			
R ajustado^2	0.556			
F	25.333			
Sig.	0.00*			

Os resultados do cálculo apresentam valores de F iguais (25,333) e o valor significativo de F é (0,00), que é inferior a ($\alpha \leq 0,05$).

Isto fornece provas para rejeitar a hipótese menor que afirma: Não existe um impacto estatisticamente significativo dos desafios de adoção da computação em nuvem (segurança e privacidade, qualidade do serviço, acessibilidade, disponibilidade e integração) na interatividade dos serviços de governo eletrónico na Jordânia ao nível significativo ($\alpha \leq 0,05$).

O R ajustado[2] para a hipótese é igual a (0,579), o que significa que os desafios da adoção da computação em nuvem têm um impacto de cerca de 57,9% na interatividade dos serviços de administração pública em linha na Jordânia. Para além disso, o R é igual a 76,1%, o que significa que existe uma forte relação entre as variáveis. O quadro apresenta igualmente o teste T para cada variável independente das cinco dimensões dos desafios da adoção da computação em nuvem (segurança e privacidade, qualidade do serviço, acessibilidade, disponibilidade e integração).

O quadro ilustra o seguinte:

1. Não existe um impacto estatisticamente significativo do desafio da segurança e da privacidade da computação em nuvem na interatividade dos serviços de administração pública em linha na Jordânia, porque o valor t calculado é significativo (0,264), que é superior a ($\alpha \leq 0,05$).

2. Existe um impacto estatisticamente significativo do desafio da qualidade do serviço de computação em nuvem na interatividade dos serviços de administração pública em linha na Jordânia, porque o valor t calculado é significativo (0,00), que é inferior a ($\alpha \leq 0,05$).

3. Não há impacto estatisticamente significativo do desafio da acessibilidade da computação em nuvem na interatividade dos serviços de administração pública eletrónica na Jordânia, porque o valor t calculado é (0,865), que é superior a ($\alpha \leq 0,05$).

4. Não há impacto estatisticamente significativo da disponibilidade do desafio da computação em nuvem na interatividade dos serviços de administração pública eletrónica na Jordânia, porque o valor t calculado é (0,684), que é superior a ($\alpha \leq 0,05$).

5. O impacto da integração do desafio da computação em nuvem na interatividade dos serviços de administração pública eletrónica na Jordânia é estatisticamente significativo, uma vez que o valor t calculado é (0,00), que é inferior a ($\alpha \leq 0,05$).

Comparando estes resultados com os estudos de Tan et al., 2014, o investigador constatou que os desafios da adoção da computação em nuvem estão a influenciar a interatividade dos serviços de administração pública em linha na Jordânia, tal como afectaram os serviços electrónicos nos estudos anteriores.

4.4.5 Hipótese Menor Ho1.4: Não há impacto estatisticamente significativo dos desafios de adoção da computação em nuvem (segurança e privacidade, qualidade do serviço, acessibilidade, disponibilidade e integração) na personalização e flexibilidade dos serviços de governo eletrónico na Jordânia ao nível significativo ($\alpha \leq 0,05$).

Para testar esta hipótese, este estudo recorreu à análise de regressão múltipla para avaliar o impacto dos desafios da adoção da informática (segurança e privacidade, qualidade do serviço, acessibilidade, disponibilidade e integração) na personalização e flexibilidade dos serviços de administração pública eletrónica. A Tabela (4.20) apresenta os resultados do teste de regressão múltipla para a influência dos desafios da adoção da informática (segurança e privacidade, qualidade do serviço, acessibilidade, disponibilidade e integração) na personalização e flexibilidade dos serviços de administração pública eletrónica.

Tabela 4.20: Resultados do teste do coeficiente de regressão relativo à hipótese Ho1.4

	B	Beta	T	Sig.
Segurança e privacidade	0.029	0.023	0.198	0.843
Qualidade do serviço	-0.081	-0.086	-0.590	0.557
Acessibilidade	0.185	0.156	0.808	0.421
Disponibilidade	0.284	0.283	1.693	0.094
Integração	0.360	0.354	2.994	0.004*
R	0.684			
R^2	0.468			
R ajustado^2	0.439			
F	16.179			
Sig.	0.00*			

Os resultados do cálculo apresentam valores de F iguais (16,179) e o valor significativo de F é (0,00), que é inferior a ($\alpha \leq 0,05$).

Isto fornece evidências para rejeitar a hipótese menor que afirma: Não existe um impacto estatisticamente significativo dos desafios de adoção da computação em nuvem (segurança e privacidade, qualidade do serviço, acessibilidade, disponibilidade e integração) na personalização e flexibilidade dos serviços de governo eletrónico na Jordânia ao nível significativo ($\alpha \leq 0,05$).

O R ajustado^2 para a hipótese é igual a (0,468), o que significa que os desafios da adoção da computação em nuvem têm um impacto de cerca de 46,8% na personalização e flexibilidade dos serviços de administração pública eletrónica na Jordânia. Para além disso, o R é igual a 68,4%, o que significa que existe uma forte relação entre as variáveis. O quadro também apresenta o teste T para cada variável independente das cinco dimensões dos desafios da adoção da computação em nuvem (segurança e privacidade, qualidade do serviço, acessibilidade, disponibilidade e integração).

O quadro ilustra o seguinte:

1. Não há impacto estatisticamente significativo do desafio da computação em nuvem de segurança e privacidade na personalização e flexibilidade dos serviços de governo eletrônico na Jordânia, porque o valor t calculado é significativo (0,843), que é maior que ($\alpha \leq 0,05$).

2. Não há impacto estatisticamente significativo do desafio da qualidade do serviço de computação em nuvem na personalização e flexibilidade dos serviços de governo eletrônico na Jordânia, porque o valor t calculado é significativo (0,557), que é maior que ($\alpha \leq 0,05$).

3. Não existe um impacto estatisticamente significativo do desafio da acessibilidade da computação em nuvem na personalização e flexibilidade dos serviços de administração pública eletrónica na Jordânia, porque o valor t calculado é significativo (0,421), que é superior a ($\alpha \leq 0,05$).

4. Não existe um impacto estatisticamente significativo da disponibilidade do desafio da computação em nuvem na personalização e flexibilidade dos serviços de administração pública eletrónica na Jordânia, porque o valor t calculado é significativo (0,094), que é superior a ($\alpha \leq 0,05$).

5. Existe um impacto estatisticamente significativo do desafio da integração da computação em nuvem na personalização e flexibilidade dos serviços de administração pública eletrónica na Jordânia, uma vez que o valor t calculado é significativo (0,004), o que é inferior a ($\alpha \leq 0,05$).

Comparando estes resultados com os estudos de Turab et al., 2014 e Tan et al., 2014; o investigador constatou que os desafios da adoção da computação em nuvem estão a influenciar a personalização e a flexibilidade dos serviços de administração pública em linha na Jordânia, tal como afectaram os serviços electrónicos nos estudos anteriores.

Capítulo 5

Conclusão

5.1 Introdução

T presente estudo foi realizado para examinar a influência dos desafios da adoção da computação em nuvem (segurança e privacidade, qualidade do serviço, acessibilidade, disponibilidade e integração) nos serviços da administração pública em linha na Jordânia. O estudo foi concebido para medir a interação entre todas as variáveis do estudo e a forma como estas se afectam mutuamente. Os resultados deste estudo apoiam largamente as relações hipotéticas propostas no modelo teórico. Em particular, os resultados sugerem que os serviços de administração pública eletrónica são influenciados pelos desafios da adoção da computação em nuvem. As conclusões foram apresentadas no capítulo anterior. Os resultados são discutidos a seguir, seguidos das principais conclusões do estudo e das recomendações.

5.2 Principais conclusões

Os resultados mostraram que os desafios da adoção da computação em nuvem (segurança e privacidade, qualidade do serviço, acessibilidade, disponibilidade e integração) tiveram uma influência significativa nos serviços de administração pública em linha na Jordânia.

Os resultados do estudo mostraram que as hipóteses Ho1, Ho1.1, Ho1.2, Ho1.3, Ho1.4 são totalmente rejeitadas através das quatro dimensões: benefício de utilização, facilidade de acesso, interatividade, personalização e flexibilidade; que estão relacionadas com a vontade do utilizador de confiar nos serviços electrónicos fornecidos pela administração pública, embora existam alguns desafios que preocupam o utilizador quando a estratégia de administração pública em linha leva à adoção da técnica de computação em nuvem. Estes desafios influenciam a adoção e as implementações, mas não impedem a administração pública em linha de continuar o processo de implementação.

A principal preocupação dos desafios da adoção da computação em nuvem que afectou diretamente o serviço de administração pública em linha foi a integração, o que significa que os utilizadores estão preocupados com a forma de fundir os actuais sistemas que não estão na nuvem com os novos sistemas em nuvem que serão utilizados? A preocupação dos utilizadores é saber como é que este processo será efectuado pela própria administração pública ou por terceiros especializados na integração e quanto é que este processo custará em termos financeiros, de tempo e de esforço.

Esta preocupação é muito importante para o governo, que serve nove milhões de pessoas na Jordânia através do portal do governo eletrónico e os portões padrão das obras físicas em todas as instituições governamentais dependem do trabalho informatizado.

O conjunto dos desafios da adoção da computação em nuvem (segurança e privacidade, qualidade do serviço, acessibilidade, disponibilidade e integração) influencia o serviço da administração pública em linha como um todo, mas cada desafio isolado não o faz, com exceção do desafio da integração, que afecta o serviço eletrónico individualmente e com todos os desafios também. Assim, ao longo do tempo, a administração pública eletrónica construiu uma ponte de confiança em matéria de segurança e privacidade desde a implementação dos serviços electrónicos na administração pública, implementados internamente pela própria administração. A qualidade do serviço é mediana em comparação com o serviço prestado no local no passado. Tanto no que diz respeito à disponibilidade como à acessibilidade, estes desafios afectam o serviço eletrónico, quer se trate de serviços governamentais ou não, pelo que a rápida difusão das tecnologias da informação e da comunicação ajuda a ultrapassar estes desafios e a melhorar a resposta governamental em termos de acessibilidade e disponibilidade dos serviços de administração pública eletrónica.

Os resultados mostraram que a integração, enquanto desafio da adoção da computação em nuvem, influencia os serviços da administração pública em linha e afecta outros desafios, levando a que todo o desafio da adoção da computação em nuvem influencie os serviços da administração pública em linha. A fusão de dados pessoais, como calendários e listas de contactos em diferentes programas de aplicação, é considerada um desafio para a integração da aplicação de computação em nuvem e a consolidação do registo de entrada (nome de utilizador e palavra-passe) para todas as diferentes aplicações pessoais é considerada um desafio para a integração da aplicação de computação em nuvem.Embora haja alguma influência do desafio da segurança e da privacidade na facilidade de acesso ao serviço de administração pública em linha; que é realmente uma preocupação comum que alguns passos de segurança extra e vários níveis de verificação possam levar a afetar a facilidade de acesso e, por vezes, impedir o acesso de utilizadores autorizados e causar a negação de serviços para os beneficiários causada por (A utilização da computação em nuvem não preserva os dados de possíveis sobreposições entre os utilizadores, a utilização da computação em nuvem não preserva os dados de serem encriptados por métodos de encriptação de ponta, a utilização da computação em nuvem não preserva os dados de serem transferidos em segurança de um sítio para outro e a utilização da computação em nuvem não preserva o sigilo total para todos os tipos de dados.)

Os resultados mostraram que a qualidade do serviço, enquanto desafio para a adoção da computação em nuvem, influencia a interatividade dos serviços da administração pública em linha, o que é causado pelo comportamento dos criadores, que se concentram na funcionalidade do serviço e no grau de qualidade e não têm em conta o grau de interatividade do serviço da administração pública em linha, se é suficientemente fácil de utilizar, (A preservação dos direitos de receber notas e a liberdade de seleção de alterações, a preservação dos direitos de conhecer antecipadamente as restrições técnicas e os requisitos dos serviços, a preservação dos direitos de conhecer os requisitos legais no país do prestador de serviços, a preservação dos direitos de conhecer os procedimentos e a política do processo de segurança, e a preservação da obtenção de competência para o serviço eletrónico são considerados desafios para adotar a computação em nuvem).

5.3 Conclusão

As características únicas da computação em nuvem motivaram muitos investigadores a propor e discutir as vantagens e os desafios da introdução desta tecnologia no ambiente da administração pública em linha. Outros investigadores propuseram um quadro/modelo para a adoção da computação em nuvem no desenvolvimento de serviços de administração pública em linha. No entanto, a maioria destes modelos são modelos propostos e os investigadores não efectuaram qualquer estudo empírico. Além disso, a maioria dos modelos propostos (baseados em componentes, em camadas e em etapas) considerou o processo de integração da computação em nuvem para a implementação de sistemas de administração pública em linha. No entanto, como se trata de uma nova tecnologia, para adotar com êxito a computação em nuvem na implementação de serviços de administração pública em linha, é fundamental investigar os factores que a influenciam. Assim, para ajudar as agências governamentais a tomar a decisão de adotar a computação em nuvem para as suas operações e prestação de serviços, recomendam-se mais modelos teóricos e investigações empíricas.

Como conclusão desta investigação, o investigador constatou que os decisores da administração pública eletrónica jordana não estão preocupados com a nova técnica de desafios da computação em nuvem, mas que confiam no nível dos serviços electrónicos disponíveis. O estudo utilizou duas ferramentas estatísticas principais para analisar os dados do inquérito. No que diz respeito aos métodos de análise do inquérito, foi realizada uma análise descritiva geral através da aplicação do SPSS versão 22, para obter um resumo das características demográficas dos inquiridos, utilizando as médias das respostas, as frequências e os desvios-padrão, juntamente com o exame inicial dos dados, como os testes de fiabilidade.

As cinco hipóteses foram todas apoiadas e consistentes com os resultados da influência dos desafios da adoção da computação em nuvem (segurança e privacidade, qualidade do serviço, disponibilidade, acessibilidade e integração) nos serviços da administração pública em linha (benefícios da utilização, facilidade de acesso, interatividade, personalização e flexibilidade).

Assim, as hipóteses foram confirmadas. Isto significa que os gestores e os decisores políticos devem concentrar-se nas vantagens relativas e nos recursos tecnológicos para permitir a adoção da computação em nuvem. Além disso, o estudo conclui que a adoção da computação em nuvem não é complexa e que uma empresa deve dar o contributo necessário para tornar o sistema de computação em nuvem compatível com os processos da empresa. Além disso, de acordo com as conclusões, o apoio da gestão de topo é crucial para convencer os seus trabalhadores a adoptarem os serviços de computação em nuvem, além de lhes oferecer as formações adequadas para saberem como são as percepções técnicas e não técnicas das implementações da computação em nuvem. Além disso, tal como se verificou no estudo, a investigação atual confirmou que a facilidade de utilização percebida tinha impacto na importância percebida; e a utilidade percebida também tinha impacto na importância percebida.

Além disso, quanto maior for a utilidade da utilização da computação em nuvem para gerir eficazmente as operações das empresas e afins, maior será a facilidade dos sistemas de comércio entre os parceiros comerciais. Consequentemente, as empresas que adoptam a computação em nuvem apoiam a formação de redes com outros parceiros, juntamente com a partilha de recursos organizacionais. Isto é possível através da partilha de documentos especializados, do acompanhamento dos seus sistemas de gestão da cadeia de fornecimento e da possibilidade de colaboração eletrónica.

No entanto, os resultados apresentados neste estudo foram baseados na Jordânia e, por sua vez, eram aplicáveis exclusivamente a este contexto. Assim, isto levanta questões relativamente à generalização a outras culturas e contextos diferentes. Consequentemente, é necessária mais investigação relativamente a diferentes sectores e indústrias e também em diferentes países, a fim de mostrar a diferença entre a adoção da computação em nuvem na Jordânia em comparação com os países ocidentais. Além disso, para a investigação em curso, foram recolhidos dados de doze ministérios que implementaram a computação em nuvem junto de gestores de topo e intermédios, bem como de funcionários de TI a nível operacional. Assim, vale a pena realizar uma investigação mais aprofundada para discriminar a adoção da computação em nuvem a partir do nível superior-médio-operacional. Além disso, uma vez que os investigadores consideraram as TI e a sua flexibilidade como um facilitador para alcançar as vantagens competitivas desejadas, a investigação futura deve examinar a forma como os sistemas de TI, com as suas estratégias e processos de gestão do conhecimento, podem explorar os serviços de computação em nuvem para sobreviverem nos seus ambientes empresariais altamente competitivos.

5.4 Recomendações

A recomendação de áreas prioritárias de investigação para melhorar a integração das tecnologias de computação em nuvem. Depois de analisar os resultados, o investigador sugeriu as seguintes recomendações para serem implementadas pelo governo:

1. Promover a confiança na nuvem e a proteção dos dados em sistemas intergovernamentais de grande escala.

2. Apoiar a criação de computação em nuvem e de pontos de acesso à Internet. Um aumento do número de pontos públicos de acesso à Internet contribuirá para um aumento correspondente do número de potenciais requerentes de serviços e reduzirá o risco de exclusão.

3. Considerar todas as etapas do quadro de computação em nuvem proposto. Isto permite a implementação eficaz da administração pública em linha e evita reacções negativas por parte do público.

4. Obter garantias dos fornecedores de serviços em nuvem seleccionados. A preparação de questionários de segurança eficazes para os prestadores de serviços terceiros constitui um consumo significativo de recursos para os clientes da computação em nuvem e é difícil de realizar sem conhecimentos especializados em arquitecturas específicas da computação em nuvem.

5. Formar os especialistas empregados para lidarem com as tecnologias de computação em nuvem, uma vez que a nuvem do governo será uma nuvem privada liderada por funcionários internos do governo.

6. Estabelecer critérios de avaliação dos serviços de administração pública em linha após a adoção da computação em nuvem e divulgar os resultados da avaliação.

7. Convidar empresas privadas a participar no processo de avaliação. E comparar o nível de qualidade do serviço antes e depois da adoção.

8. Promover um ambiente favorável ao fornecimento de serviços de computação em nuvem de administração

pública eletrónica a todas as instituições governamentais em todas as áreas da Jordânia.

9. [Norma de gestão] Promover a adoção de normas internacionais ou globais. Os métodos e especificações utilizados nas transacções e procedimentos devem cumprir uma determinada norma internacional, a fim de facilitar o comércio livre e a globalização. As empresas e os governos devem consultar especialistas sobre a normalização dos métodos empresariais.

10.Colaborar com os governos estrangeiros para lutar pela digitalização global e pela criação de redes internacionais na adoção e aplicação da computação em nuvem a nível do governo eletrónico.

11.Dar elevada prioridade à integração das operações governamentais relacionadas com o comércio eletrónico internacional (por exemplo, operações de comércio/importação e exportação). A administração das alfândegas, bem como a regulamentação da exportação e da importação, envolvem vários ministérios e agências governamentais.

12.Sensibilização do público para os benefícios, desafios e riscos das tecnologias de computação em nuvem na administração pública.

5.5Limitações e direcções futuras da investigação

Embora esta investigação tenha sido cuidadosamente preparada, não deixo de estar consciente das suas limitações e insuficiências.

Em primeiro lugar, a investigação foi realizada nas doze instituições governamentais, enquanto o objetivo da adoção da computação em nuvem é de (90) instituições governamentais, mas está a ser estabelecido nestas doze instituições como parte do plano MTS do governo, que durou seis semanas. Seis semanas não são suficientes para o investigador observar o desempenho de todos os funcionários técnicos do programa de administração pública eletrónica nas suas instituições governamentais? Seria melhor se fosse feito num período de tempo mais longo.

Em segundo lugar, a população do grupo experimental é pequena, apenas 163 trabalhadores, e pode não representar a maioria dos trabalhadores do nível intermédio.

Em terceiro lugar, uma vez que o questionário concebido para medir a influência do desafio da adoção da computação em nuvem nos serviços de administração pública em linha pode fornecer informações úteis sobre os impactos das estratégias de adoção da computação em nuvem, parece não fornecer provas suficientes do comportamento real dos trabalhadores em relação à administração pública em linha e à computação em nuvem.

Além disso, a cooperação das instituições governamentais variava de uma para outra, mas eram necessárias mais relações pessoais e esforços adicionais para recolher os dados, sendo que o investigador estava limitado em termos de tempo, esforço e falta de relações pessoais para atingir o objetivo de recolher o questionário depois de distribuído.

Além disso, há falta de cópias electrónicas de documentos no portal da administração pública eletrónica na intranet pública, o que faz com que a investigadora tenha de visitar o Ministério das Tecnologias da Informação e da Comunicação muitas vezes para obter estes dados e, finalmente, obteve-os através de relações pessoais e não de forma oficial.

Em planos de trabalho futuros, o investigador pretende fazer o mesmo exercício depois de as (90) instituições governamentais adoptarem e implementarem completamente a estratégia de deslocação em nuvem, tal como planeado pelo Ministério das Tecnologias da Informação e da Comunicação. E o que acrescentar alguns outros desafios que precisam de ser estudados para atualizar o estudo até essa data.

Referências

1. Abu-Shanab, E. (2014). Antecedentes da confiança nos serviços de governo eletrónico: um teste empírico na Jordânia. Transforming Government: People, Process and Policy, 8(4), 480-499.

2. Alawneh, A., Al-Refai, H., & Batiha, K. (2013). Measuring user satisfaction from eGovernment services: Lessons from Jordan [Lições da Jordânia]. Government Information Quarterly, 30(3), 277-288.

3. Al-Laham, M. M. (2015). Reduzindo as preocupações de segurança ao usar a computação em nuvem em exames on-line Estudo de caso: Exame geral de grau de associado (Shamel) na Jordânia.

4. Almarabeh, T., & AbuAli, A. (2010). A general framework for e-government: definition maturity challenges, opportunities, and success (Um quadro geral para a administração pública eletrónica: definição, maturidade, desafios, oportunidades e sucesso). Jornal Europeu de Investigação Científica, 39(1), 29-42.

5. Alsharafat, S., Alfawwaz, B. M., & Al-shatnawi, A. M. (2014). CloudGovernment jordaniano entre a implementação e os desafios. Revista Internacional de Aplicações Informáticas, 102(5).

6. Al-Shboul, M., Rababah, O., Ghnemat, R., & Al-Saqqa, S. (2014). Desafios e factores que afectam a implementação do governo eletrónico na Jordânia. Jornal de Engenharia de Software e Aplicações, 7(13), 1111.

7. Alshehri, M., Drew, S., & Alfarraj, O. (2012). A Comprehensive Analysis of Egovernment services adoption in Saudi Arabia: Obstáculos e desafios. Ensino superior, 6, 8-2.

8. Andreadis, G., Fourtounis, G., & Bouzakis, K. D. (2015). Collaborative design in the era of cloud computing (Projeto colaborativo na era da computação em nuvem). Advances in Engineering Software, 81, 66-72.

9. ATSE. , (2010). Cloud Computing: Opportunities and Challenges for Australia, relatório de um estudo da Academia Australiana de Ciências Tecnológicas e Engenharia (ATSE).

10. Bora, U. J., & Ahmed, M. (2013). E-learning usando computação em nuvem. Revista Internacional de Ciência e Engenharia Moderna, 1(2), 9-12.

11. Bulla, C., Hunshal, B., & Mehta, S. (2016). Adoção da computação em nuvem no sistema educacional: Uma Pesquisa. Revista Internacional de Ciências da Engenharia, 6375.

12. Buyya, R., Yeo, C. S., Venugopal, S., Broberg, J., & Brandic, I. (2009). Computação em nuvem e plataformas de TI emergentes: Vision, hype, and reality for delivering computing as the 5th utility. Future Generation computer systems, 25(6), 599-616.

13. Campbell, D. E., Wright, R., & Clay, P. F. (2011). Desconstrução e operacionalização da interatividade: uma perspetiva da publicidade em linha. Journal of Information Technology Theory and Application (JITTA), 11(4), 3.

14.Carcary, M., Doherty, E., & Conway, G. (2013). Compreender e apoiar a adoção da computação em nuvem nas pequenas e médias empresas irlandesas.

15.Carter, L., & Bélanger, F. (2005). A utilização de serviços de governo eletrónico: confiança dos cidadãos, inovação e factores de aceitação. Information systems journal, 15(1), 5-25.

16.Cellary, W., & Strykowski, S. (2009, novembro). E-government based on cloud computing and service-oriented architecture. In Proceedings of the 3rd international conference on Theory and practice of electronic governance (pp. 5-10). ACM.

17.Chen, W. (2009). E-Services and Tourism: A Case Study of UAE Hotel Industry. In The Ninth International Conference on Electronic Business (ICEB), novembro.

18.Clagett, C. A. (1998). Technology Defined.

19.Closs, D. J., & Savitskie, K. (2003). Internal and external logistics information technology integration. The International Journal of Logistics Management, 14(1), 63-76

20.Cortez, D. M. A., Molina, C. M., Mata, K. E., & Bermudez, J. R. D. (2015). Melhorando a satisfação do cliente através de compras inteligentes: Um Protótipo. International Journal of Computer Science and Information Technologies, 6(2), 1141-1152.

21.Czajka, J., Schneider, C., Sukasih, A., & Collins, K. (2014). Minimização do risco de divulgação nas iniciativas de dados abertos do HHS. Mathematica Policy Research.

22.Dada, D. (2006). O fracasso da administração pública eletrónica nos países em desenvolvimento: A literature review. The Electronic Journal of Information Systems in Developing Countries, 26.

23.Dhar, P. (2012). Computação em nuvem e suas aplicações no mundo das redes. IJCSI International Journal of Computer Science Issues, 9(1), 430-434.

24.Das, R. K., Patnaik, S., & Misro, A. K., (2011). Adoção da computação em nuvem na governação eletrónica Computação avançada (pp. 161-172): Springer.

25.Dhar, S. (2012). From outsourcing to Cloud computing: evolution of IT services (Da terceirização à computação em nuvem: evolução dos serviços de TI). Management Research Review, 35(8), 664-675.

26.Dillon, T., Wu, C., & Chang, E. (2010, abril). Computação em nuvem: questões e desafios. In 2010 24th IEEE international conference on advanced information networking and applications (pp. 27-33). Ieee.

27.Elena, G., & Johnson, C. W. (2015). Factores que influenciam a aceitação do risco dos serviços de computação em nuvem no governo do Reino Unido. arXiv preprint arXv:1509.06533.

28.Elsheikh, Y., Cullen, A., & Hobbs, D. (2008). E-Government in Jordan: challenges and opportunities (Governo eletrónico na Jordânia: desafios e oportunidades). Transforming Government: People, Process and Policy, 2(2), 83-103.

29.Fang, Z. (2002). E-government in digital era: concept, practice, and development (Administração pública eletrónica na era digital: conceito, prática e desenvolvimento). Revista internacional de informática, Internet e gestão, 10(2), 1-22.

30.Featherman, M., R. T. Wright, J. Thatcher, J. C. Zimmer, e R. Pak (2011) "The Influence of Interactivity on E-service Offerings: An Empirical Examination of Benefits and Risks," AIS Transactions on Human-Computer Interaction (3) 1, pp. 1-25.

31.Foster, I., Zhao, Y., Raicu, I., & Lu, S. (2008, novembro). Computação em nuvem e computação em grade comparada em 360 graus. Em 2008 Grid Computing Environments Workshop (pp. 1-10). Ieee.

32.Furht, B., & Escalante, A. (2010). Handbook of cloud computing (Vol. 3). Nova Iorque: Springer.

33.Gangwar, H., & Date, H. (2016). Fatores Críticos da Adoção de Computação em Nuvem nas Organizações: An Empirical Study. Global Business Review, 17(4), 886-904.

34.Gronlund, A., & Horan, T. A. (2005). Introducing e-gov: history, definitions, and issues. Communications of the association for information systems, 15(1), 39.

35.Gupta, P., Seetharaman, A., & Raj, J. R. (2013). O uso e a adoção da computação em nuvem por pequenas e médias empresas. Revista Internacional de Gestão da Informação, 33(5), 861-874.

36.Hamlen, K., Kantarcioglu, M., Khan, L., & Thuraisingham, B. (2012). Questões de segurança para a computação em nuvem. Otimização da segurança da informação e avanço da garantia de privacidade: New Technologies: Novas Tecnologias, 150.

37.Jain, P. (2012). Questões de segurança e sua solução na computação em nuvem. Jornal internacional de investigação em informática e negócios.

38.James, B. (2010). Desafios de segurança e privacidade em ambientes de computação em nuvem.

39.Janda, S., Trocchia, P. J., e Gwinner, K. "Consumer perceptions of Internet Retail Service Quality", International Journal of Service Industry Management (13:5), 2002, pp. 412-431.

40.Jha, J., & Pansuriya, J. Multi-Level authentication in Cloud Computing using 3D security.

41.Kaynama e Black, (2000) , S.A. Kaynama,C.I. Black, A proposal to assess the service quality of online travel agencies: An exploratory study, Journal of Professional Services Marketing, 21 (2000), pp. 63-88

42.Killaly MS (2011) I can, but I won't: an exploratory study on people and new information technologies in the military. Tese de mestrado, Instituto de Tecnologia da Força Aérea, EUA.

43.Keshavarzi, M. (2014). Desafios dos sistemas tradicionais de deteção de intrusões baseados no anfitrião na computação em nuvem. Avanços na ciência da computação: uma revista internacional, 3(2), 133-138.

44.Knorr, E., & Gruman, G. (2008). O que significa realmente a computação em nuvem. InfoWorld, 7.

45.Kulkarni, G., Chavan, N., Chandorkar, R., Waghmare, R., & Palwe, R. (2012, outubro). Desafios de segurança na nuvem. Em Telecommunication Systems, Services, and Applications (TSSA), 2012 7th International Conference on (pp. 88-91). IEEE.

46.Kumar, A. (2012). Mundo da computação em nuvem e segurança. Revista Internacional de Computação em Nuvem e Ciência dos Serviços, 1(2), 53.

47.Kurdi, R., Taleb-Bendiab, A., Randles, M., & Taylor, M., (2011). E-Government Information Systems and Cloud Computing (Readiness and Analysis). Trabalho apresentado no Developments in E-systems Engineering (DeSE), 2011.

48.Laurel, B., & Mountford, S. J. (1990). The art of human-computer interface design. Addison-Wesley Longman Publishing Co., Inc.

49.Layne, K., & Lee, J. (2001). Desenvolvimento de uma administração pública eletrónica plenamente funcional: A four stage model. Government information quarterly, 18(2), 122-136.

50.Li, H., & Suomi, R. (2009). Uma proposta de escala para medir a qualidade do serviço eletrónico. International Journal of u-and e-Service, Science and Technology, 2(1), 1-10.

51.Li, S., Xu, L., Wang, X., & Wang, J. (2012). Integração de redes sem fios híbridas em sistemas de informação empresariais orientados para serviços na nuvem. Enterprise Information Systems, 6(2), 165-187.

52.Linthicum, D. S. (2003). Next generation application integration: from simple information to Web services. Addison-Wesley Longman Publishing Co., Inc.

53.Liu, Y., & Shrum, L. J. (2002). What is interactivity and is it always such a good thing? Implications of definition, person, and situation for the influence of interactivity on advertising effectiveness (Implicações da definição, pessoa e situação para a influência da interatividade na eficácia da publicidade). Journal of advertising, 31(4), 53-64.

54.Maheshwari, S. (2010). Mineração de características especiais para melhorar o desempenho da seleção de produtos em ambiente de comércio eletrónico e sistema de extração de currículos (Doctoral dissertation, International Institute of Information Technology Hyderabad, India)

55.Manani, T. O., Nyaoga, R. B., Bosire, R. M., Ombati, T. O., & Kongere, T. O. (2013). Qualidade do Serviço e Satisfação do Cliente na Kenya Airways Ltd. Jornal Europeu de Negócios e Gestão, 5(22), 170-180.

56.Mandhare, S., & Shende, R. (2014, agosto). Uma abordagem inteligente para a fortificação de dados em Cloud Computing. Em Advances in Communication and Computing Technologies (ICACACT), 2014 International Conference on (pp. 1-6). IEEE.

57.Marseguerra, M., & Zio, E. (2000). Otimização das políticas de manutenção e reparação através de uma combinação de algoritmos genéticos e simulação de Monte Carlo. Reliability Engineering & System Safety, 68(1), 69-83.

58.Mas'adeh, R. E. (2016). Importância percebida da computação em nuvem nas empresas do Oriente Médio:

The Cases of Jordan, Saudi Arabia and United Arab Emirates from the Operational Level [Os casos da Jordânia, Arábia Saudita e Emirados Árabes Unidos a partir do nível operacional]. Comunicações e Redes, 8(03), 103.

59.Mell, P., & Grance, T. (2011). A definição do NIST de computação em nuvem.

60.Mirashe, S. P., & Kalyankar, N. V. (2010). Cloud computing. arXiv preprint arXiv:1003.4074.

61.Mohammad Alomari, Peter Woods, Kuldeep Sandhu, (2012) ""Predictors for e government adoption in Jordan: Deployment of an empirical evaluation based on a citizen- centric approach"", Information Technology & People, Vol. 25 Iss: 2, pp.207 - 234"

62.Mohammad, H., Almarabeh, T., & Ali, A. A. (2009). E-government in Jordan (Administração pública eletrónica na Jordânia). Jornal Europeu de Investigação Científica, 35(2), 188-197.

63.Mohammed, F., Ibrahim, O., Nilashi, M., & Alzurqa, E. (2016). Modelo de adoção de computação em nuvem para a implementação do governo eletrónico. Information Development, 0266666916656033.

64.Naseem, S., & Sasankar, A. B. (2014). Desafios da computação em nuvem e questões de segurança relacionadas. IOSR Journal of Computer Science (IOSR-JCE) e-ISSN, 2278-0661.

65.NASR, O., Ali, A., & Galal-Edeen, G. H., (2012). Modelo de desenvolvimento proposto de EGovernment para apropriar a computação em nuvem. Revista Internacional de Revisões em Computação, 9.

66.Nilchiani, R. (2005). Measuring space systems flexibility: a comprehensive six-element framework (Dissertação de doutoramento, Massachusetts Institute of Technology).

67.Nilchiani, R., & Hastings, D. E. (2005). Measuring the value of space systems flexibility: a comprehensive six-element framework. Aerospace Engineering.

68.Oliveira, R., Silva, L., Leite, J. C. S. P., & Moreira, A. (2016, abril). Elicitando requisitos de acessibilidade uma abordagem baseada no framework NFR. In Proceedings of the 31st Annual ACM Symposium on Applied Computing (pp. 1276-1281). ACM.

69.Opitz, N., Langkau, T. F., Schmidt, N. H., & Kolbe, L. M. (2012, janeiro). Aceitação tecnológica da computação em nuvem: evidências empíricas dos departamentos de TI alemães. Em Ciência de Sistemas (HICSS), 2012 45ª Conferência Internacional do Havaí (pp. 1593-1602). IEEE.

70.Padhy, R. P., Patra, M. R., & Satapathy, S. C. (2011). Cloud computing: questões de segurança e desafios de investigação. Revista Internacional de Informática e Tecnologia da Informação e Segurança (IJCSITS), 1(2), 136-146.

71.Pallis, G. (2010). Cloud computing: the new frontier of internet computing (Computação em nuvem: a nova fronteira da computação na Internet). IEEE Internet Computing, 14(5), 70.

72.Palvia, S. C. J., & Sharma, S. S. (2007, dezembro). E-government and e-governance: definitions/domain framework and status around the world. Na Conferência Internacional sobre Governação Eletrónica (pp. 1-

12).

73. Qaisar, E. J. (2012, março). Introdução à computação em nuvem para programadores: Conceitos-chave, os intervenientes e as suas ofertas. Na Conferência Profissional de Tecnologia da Informação (TCF Pro IT), IEEE TCF (pp. 1-6). IEEE.

74. Ramgovind, S., Eloff, M. M., & Smith, E. (2010, agosto). A gestão da segurança na computação em nuvem. In 2010 Informa tion Security for South Africa (pp. 1-7). IEEE.

75. Rance, S. (2013). Definindo a disponibilidade no mundo real. Hewlett Packard.

76. Ratten, V. (2012). Comportamento empreendedor e ético na adoção da computação em nuvem. The Journal of High Technology Management Research, 23(2), 155-164.

77. Rosenberg, D. L., Russo, C. J., & Hammer, S. (2015). A dedução de atividades de produção doméstica para software de computador: Software Can Qualify for This Valuable Tax Break. Journal of Accountancy, 219(3), 54.

78. Rowley, J. (2006) An analysis of the e-service literature: towards a research agenda. Internet Research, 16 (3), 339-359

79. Sallehudin, H., Razak, R. C., & Ismail, M. (2015). Fatores que influenciam a adoção da computação em nuvem no setor público: An Empirical Analysis. Journal of Entrepreneurship and Business, 3(1), 30-45.

80. Santos, J. (2003). Qualidade do serviço eletrónico: um modelo de dimensões da qualidade do serviço virtual. Managing Service Quality: An International Journal, 13(3), 233-246.

81. Saunders, M., & Lewis, P. (2007). Thornhill. Métodos de investigação para estudantes de gestão, 3.

82. Sayankar, V. N. (2013). Qualidade do serviço no serviço de autocarro privado - um estudo de caso dos serviços de autocarro PuneNagpur. Asian Journal of Management, 4(4), 277-281.

83. Sekaran, U., & Bougie, R. (2010). Research Method for Business, A Skill Building Approach. John Wiley & Sons Inc.

84. Sharma, M. K., & Thapliyal, M. P. (2011). G-Cloud-(e-Governance in Cloud).International Journal Engg. TechSci, 2(2), 134-137.

85. Shuijing, H. (2014, janeiro). Segurança de dados: Os desafios da computação em nuvem. Em 2014, Sexta Conferência Internacional sobre Tecnologia de Medição e Automação Mecatrônica (pp. 203-206). IEEE.

86. Simic, K., Dadic, J., Paunovic, L., Milutinovic, M., &Bogdanovic, Z. (2012). Prestação de serviços governamentais móveis através da computação em nuvem. Innovative Issues and Approaches in.

87. Singer, P. W. (2009). Wired for war: The robotics revolution and conflict in the 21st century. Penguin.

88. Singh, M. A., & Shrivastava, M. (2012). Visão geral das questões de segurança na computação em nuvem. Jornal Internacional de Investigação Informática Avançada (IJACR) Volume, 2.

89. Srinivasan, S. (2014). Evolução da computação em nuvem. Em Noções básicas de computação em nuvem (pp. 116). Springer Nova Iorque

90. Steuer, J. (1992). Definição de realidade virtual: Dimensões que determinam a telepresença. Journal of communication, 42(4), 73-93.

91. Stieninger, M., Nedbal, D., Wetzlinger, W., Wagner, G., & Erskine, M. A. (2014). Impactos na adoção organizacional da computação em nuvem: Uma reconceptualização dos factores de influência. Procedia Technology, 16, 85-93.

92. Sukasame, N. (2005). Qualidade do serviço eletrónico: um paradigma para o sucesso competitivo dos empresários do comércio eletrónico. In Pacific Asia Conference on Information Systems PACIS 2005.

93. Sun, D., Chang, G., Sun, L., & Wang, X. (2011). Levantamento e análise de questões de segurança, privacidade e confiança em ambientes de computação em nuvem. Procedia Engineering, 15, 2852-2856.

94. Syed, H. I., & Baig, N. A. (2013). Pesquisa sobre computação em nuvem. Revista Internacional de Tecnologia Emergente e Engenharia Avançada, 3(4), 308-312.

95. Tan, M. (2013). An Investigation of e-government Services in China [Uma investigação dos serviços de governo eletrónico na China]. Revista eletrónica de sistemas de informação nos países em desenvolvimento, 57.

96. Tehrani SR (2013) Factores que influenciam a adoção da computação em nuvem pelas pequenas e médias empresas (PME). Tese de doutoramento, Universidade de Ryerson, Canadá.

97. Thakare, M. S. V., & Gore, M. D. V. (2013). Computação em nuvem de segurança 3D usando senha gráfica, Jornal Internacional de Pesquisa Avançada em Engenharia de Computação e Comunicação. Vol. 2, Edição 1, janeiro de 2013

98. Tripathi, A., & Parihar, B., 2011. Desafios da governação eletrónica e benefícios da nuvem. Trabalho apresentado na Computer Science and Automation Engineering (CSAE), 2011 IEEE International Conference on.

99. Trivedi, H. (2013). Modelo de adoção da computação em nuvem para governos e grandes empresas (Tese de doutoramento, Instituto de Tecnologia de Massachusetts).

100. Turab, N. M., Taleb, A. A., & Masadeh, S. R. (2013). Desafios e soluções da computação em nuvem. Revista Internacional de Redes de Computadores e Comunicações, 5(5), 209.

101. Tweneboah-Koduah, S., Endicott-Popovsky, B., & Tsetse, A. (2014). Barreiras à adoção da nuvem pelo governo: a perspetiva do Gana. Revista Internacional de Gestão das Tecnologias da Informação, 6(3), 1.

102. Vagale, V. (2011). Oportunidades de personalização no sistema MOODLE. Na 53.ª Conferência Científica Internacional da Universidade de Daugavpils (pp. 1-6).

103. Vani, B., & Priya, R. C. M. (2014). Disponibilidade na computação em nuvem.

104. Vanker, C. (2015). A Adoção de Metodologias Ágeis de Desenvolvimento de Software por Organizações na África do Sul (Dissertação de Doutoramento, Universidade de Kwazulu-Natal).

105. Wahlgren, G., & Kowalski, S. (2013, janeiro). Modelo de gestão de riscos de segurança de TI para computação em nuvem: A necessidade de uma nova abordagem de escalonamento. In A Conferência Internacional sobre Processamento de Informação Digital, E-Business e Computação em Nuvem (DIPECC) (p. 56). Sociedade de Informação Digital e Comunicação Sem Fios.

106. Wang, L., Tao, J., Kunze, M., Castellanos, A. C., Kramer, D., & Karl, W. (2008, setembro). Computação científica em nuvem: Definição e experiência iniciais. Em HPCC (Vol. 8, pp. 825-830).

107. Wang, Y. S. (2016). Valor para o cliente dos serviços móveis LINE: O estudo de adolescentes em três cidades do Leste Asiático. J Child Adolesc Behav, 4(294), 2.

108. Ward, P., & Zhou, H. (2006). Impact of information technology integration and lean/just in time practices on lead time performance. Ciências da Decisão, 37(2), 177-203

109. Wei, Y., & Blake, M. B. (2010). Service-oriented computing and cloud computing: challenges and opportunities (Computação orientada a serviços e computação em nuvem: desafios e oportunidades). IEEE Internet Computing, 14(6), 72.

110. Wyld, D. C. (2009). Moving to the cloud: Uma introdução à computação em nuvem no governo. IBM Center for the Business of Government.

111. Wyld, D. C. (2010). The cloudy future of government IT: A computação em nuvem e o sector público em todo o mundo. Revista Internacional de Tecnologia Web e Semântica, 1(1), 1-2

112. Zaied, A. N. H. (2012). Uma estrutura de medição de sucesso de serviços electrónicos. Revista Internacional de Tecnologia da Informação e Ciência da Computação (IJITCS), 4(4), 18.

113. Zeithaml, V. A. (2000). Service quality, profitability, and the economic worth of customers: what we know and what we need to learn. Journal of the academy of marketing science, 28(1), 67-85.

114. Zeithaml, V. A., Parasuraman, A., & Malhotra, A. (2002). Service quality delivery through web sites: a critical review of extant knowledge. Journal of the academy of marketing science, 30(4), 362-375

115. Zhang, S., Zhang, S., Chen, X., & Huo, X. (2010, janeiro). Tendência de pesquisa e desenvolvimento da computação em nuvem. Em Future Networks, 2010. ICFN'10. Segunda Conferência Internacional sobre (pp. 93-97). Ieee.

116. Zwattendorfer, B., Stranacher, K., Tauber, A., &Reichstadter, P. (2013). Cloud Computing in E-Government across Europe (Computação em nuvem na administração pública eletrónica na Europa). In Technology-Enabled Innovation for Democracy, Government and Governance (pp. 181-195). Springer Berlin Heidelberg.

Sítios Web:

1. http://www.datacenterdvnamics.com/content-tracks/colo-cloud/microsoft-co-launches- national-cloud-in-jordan/87044.fullarticle ; 3 de junho de 2016.

2. http://www.forbes.com/sites/louiscolumbus/2015/01/24/roundup-of-cloud-computing- forecasts-and-market-estimates-2015/#6a22567e740c;16 Mav 2016

3. http://www.cooper-peters.com/137-how-to-choose-cloud-technologv-for-vour-business;

16:21, 24 de julho de 2011; 5 de janeiro de 2016

4. https://www.kpmg.com/US/en/about/alliances/Documents/2014-kpmg-cloud-survev- report.pdf; 11 de dezembro de 2015

5. https://cloud.google.com/storage/7utm source=google&utm medium=cpc&utm campaig n=2015; 5 de fevereiro de 2016

6. https://www.ibm.com/developerworks/communitv/blogs/;5 fevereiro de 2016

7. http://www.iordan.gov.jo/wps/wcm/connect/56d75661-abb5-4ecb-8826-67a1c3ee30df/e- Government StrategvJO Draft.pdf?MOD=AJPERES; 15 de março de 2016

8. http://www.moh.gov.jo/AR/AbouttheMinistrvofHealth/Pages/AboutMOH.aspx;11 de outubro de 2016

9. http://www.mohe.gov.jo/ar/pages/BriefMohe2.aspx;11 de outubro de 2016

10.http://www.mit.gov.io/Pages/viewpage.aspx?pageID=126;11 de outubro de 2016

11.http://www.moi.gov.io/Pages/viewpage.aspx?pageID=148;11 de outubro de 2016

12.http://www.cspd.gov.jo/SubDefault.aspx?PageId=186&MenuId=92;11 de outubro de 2016

13.http://www.senate.jo/;11 de outubro de 2016

14.http://www.ammancitv.gov.jo/ar/gam/index.asp;11 de outubro de 2016

15.http://www.kafd.jo/ar/page/;11 de outubro de 2016

16.http://www.finoit.com/blog/cloud-computing-service-models/;11 de outubro de 2016

17.http://www.nitc.gov.jo/;11 de outubro de 2016

18.https://www.checkmarx.com/game-of-hacks-cxsuite/; 7 de abril de 2016

19.http://www.khcc.jo/ar/section;11 de outubro de 2016

Apêndice A

Questionário Árbitros

Não.	Nome	Especialização	Universidade
1.	Dr. Feras Suliman Al Shalabi	Professor AssociadoSistemas de Informação de Gestão	Universidade Aplicada Al-Balqa'
2.	Dr. Menem Globo Zmazir	Professor Associado - Departamento de Negócios de Tecnologia da Informação	A Universidade da Jordânia
3.	Dr. Hamad Oqab AL Sawalqa	Professor Associado - Informações informáticas Sistemas	A Universidade da Jordânia
4.	Dr. Feras Mohammad Al Azzah	Professor Associado - Informações informáticas Sistemas	Universidade Zaytoonah da Jordânia
5.	Dr. Enas Mousa Allozi	Professor Auxiliar - Sistemas de Informação de Gestão	Universidade Zaytoonah da Jordânia
6.	Dr. Ahmad Haitham Shahbeer	Professor Assistente Informações de gestão Sistemas	Universidade Zaytoonah da Jordânia
7.	Dr. Khaldoun M. Al- Daho	Professor Assistente - Software e sistemas de informação	Faculdade de Computação e Informática Universidade \ UNC Charlotte

Apêndice B

 جامعة البلقاء التطبيقية
كلية الدراسات العليا 

Al-BALQA' APPLIED UNIVERSITY
Faculty of Graduate Studies

استبانة

تحية طيبة وبعد،

تهدف هذه الاستبانة إلى جمع البيانات اللازمة لدراسة بعنوان " *تأثير تحديات تبني الحوسبة السحابية على خدمات الحكومة الإلكترونية في الأردن*"

وذلك استكمالا لمتطلبات الحصول على درجة الماجستير في إدارة الأعمال ـ مسار الأعمال الإلكترونية في جامعة البلقاء التطبيقية ـ كلية عمان الجامعية.

يرجى التكرم بقراءة جميع الفقرات بدقة ، والإجابة عنها بموضوعية ، علما بأنه سوف يتم التعامل مع جميع البيانات الواردة بسرية تامة والاحتفاظ بها بطريقة لا تشير إلى هوية المشترك و سيتم استخدامها فقط لغرض تقييم البحث.

الباحثة : م. آيات محمد سالم

email: ayat.salem.1986@gmail.com

والله الموفق

ملاحظة: تتكون الاستبانة من ثلاثة أجزاء:

الجزء الأول : يتكون من معلومات شخصية عنك ، يرجى منك وضع الإشارة (×) أمام ما يناسب حالتك.

الجزء الثاني : يتكون من (33) فقرة لجمع المعلومات حول المتغير المستقل في الدراسة (تحديات تبني الحوسبة السحابية) ، يرجى منك وضع الإشارة (×) في المستوى الذي يناسبك أمام كل فقرة.

الجزء الثالث : يتكون من (23) فقرة لجمع المعلومات حول المتغير التابع في الدراسة (خدمات الحكومة الإلكترونية) ، يرجى منك وضع الإشارة (×) في المستوى الذي يناسبك أمام كل فقرة.

و شكراً لحسن تعاونكم

الجزء الأول : المعلومات الشخصية

النوع الاجتماعي   ذكر ☐   أنثى ☐

المؤهل العلمي :

توجيهي ☐   دبلوم ☐

بكالوريوس ☐   ماجستير ☐

دكتوراه ☐

العمر:

29-20 ☐   39-30 ☐

49-40 ☐   59-50 ☐

60 فما فوق ☐

الخبرة العملية:

أقل من 6 سنوات ☐   10-6 ☐

15-11 ☐   16 سنة فأكثر ☐

85

العبارات التالية تتعلق برأيك في التحديات التي تواجه الحوسبة السحابية (الأمن والخصوصية، وجودة الخدمة ، والتوافر ، وإمكانية الوصول ،والتكامل) ضع إشارة (×) في المستوى الذي يناسبك أمام كل فقرة.

لا أوافق بشدة	لا أوافق	أوافق إلى حد ما	أوافق	أوافق بشدة	السؤال	الرقم
					التحدي الأول :الأمن والخصوصية (الحفاظ على البيانات الشخصية من الاستخدام غير المخول للاطلاع أو الإضافة أوالحذف أوالتعديل أو السرقة أو التخريب)	
					يعتبر هاجس الحفاظ على أمن البيانات تحديا أمام تبني الحوسبة السحابية	1
					يعتبر تدني مستوى الحفاظ على خصوصية البيانات تحديا أمام تبني الحوسبة السحابية	2
					لا تحمي الحوسبة السحابية البيانات الحساسة من إمكانية تسريبها إلى الأفراد غير المخولين للاطلاع عليها	3
					لا تضمن تطبيقات الحوسبة السحابية حقوق ملكية البيانات و الملكية الفكرية	4
					لا توجد سيطرة على البيانات من قبل الحكومة عند استخدام الحوسبة السحابية حيث أنها تنتقل إلى مزود الخدمة	5
					لا توجد لوائح تنظيمية كافية لحماية المستخدمين من المخاطر المحتملة لاستخدام الحوسبة السحابية	6
					لا يضمن استخدام الحوسبة السحابية البيانات من احتمالية التداخل بين المستخدمين	7
					لا يضمن استخدام الحوسبة السحابية تشفير البيانات وفق أفضل وأحدث تقنيات التشفير المسخدمة حالياً	8
					لا يضمن استخدام الحوسبة السحابية القدرة على نقل البيانات بشكل آمن من موقع إلى آخر	9
					لا يضمن استخدام الحوسبة السحابية السرية التامة للبيانات بكل أنواعها	10
					لا يضمن استخدام الحوسبة السحابية أمن الأجهزة و المعدات المستخدمة بشكل كاف	11

الرقم	السؤال	أوافق بشدة	أوافق	أوافق إلى حد ما	لا أوافق	لا أوافق بشدة
12	لا يضمن استخدام الحوسبة السحابية التقيّد بنظام دخول متكامل و موثق للرجوع إليه عند الحاجة					

التحدي الثاني: جودة الخدمة (تقديم الخدمة بما يتطابق مع متطلبات العملاء لتحقق رضاهم، وأن تتمتع بمزايا تنافسية مقارنة بالخدمة التي يقدمها مزودو الخدمات المشابهة)

الرقم	السؤال	أوافق بشدة	أوافق	أوافق إلى حد ما	لا أوافق	لا أوافق بشدة
13	يعتبر ضمان تحقيق الحصول على اتفاق مستوى الخدمة تحديا أمام تبني الحوسبة السحابية					
14	يعتبر احتمال فقدان بعض البيانات تحديا أمام تبني الحوسبة السحابية					
15	يعتبر ضمان الحق في استقبال الإشعارات وحرية الاختيار للتعديلات تحديا أمام تبني الحوسبة السحابية					
16	يعتبر ضمان الحق في معرفة القيود التقنية أو متطلبات الخدمة مسبقا تحديا أمام تبني الحوسبة السحابية					
17	يعتبر ضمان الحق في معرفة المتطلبات القانونية للدول التي يعمل فيها مقدم الخدمة تحديا أمام تبني الحوسبة السحابية					
18	يعتبر ضمان الحق في معرفة إجراءات وسياسة عملية الأمن التي يتبناها مزود الخدمة تحديا أمام تبني الحوسبة السحابية					
19	يعتبر تحقيق الميزة التنافسية للخدمة الإلكترونية تحديا أمام تبني الحوسبة السحابية					

التحدي الثالث: التوافر (توفر جميع المعلومات المطلوبة عن الخدمة وكيفية الاستفادة منها ووجود الدعم الفني للمستخدم في أي وقت)

الرقم	السؤال	أوافق بشدة	أوافق	أوافق إلى حد ما	لا أوافق	لا أوافق بشدة
20	يعتبر ضعف الإمكانيات الفنية للاتصال بشبكة الانترنت تحديا أمام تبني الحوسبة السحابية					

الرقم	السؤال	أوافق بشدة	أوافق	أوافق إلى حد ما	لا أوافق	لا أوافق بشدة
21	يعتبر ضعف نظم تكنولوجيا المعلومات المتوفرة لدى الحكومة تحديا أمام تبني الحوسبة السحابية					
22	يعتبر ضعف دور الحكومة في توفير الخدمة تحديا أمام تبني الحوسبة السحابية					
23	يعتبر ضعف القدرة على توفير البيانات لكل مستخدم في الوقت الحقيقي تحديا أمام تبني الحوسبة السحابية					
24	يعتبر ضعف القدرة على توفير البيانات لكل مستخدم من أي جهاز تحديا أمام تبني الحوسبة السحابية					

التحدي الرابع : إمكانية الوصول (إمكانية التواصل مع الجهة المقدمة للخدمة في أي وقت)

الرقم	السؤال	أوافق بشدة	أوافق	أوافق إلى حد ما	لا أوافق	لا أوافق بشدة
25	تعتبر إمكانية الاستمرار في حال انقطاع الاتصال المفاجئ تحديا أمام تبني الحوسبة السحابية					
26	يعتبر تفاوت إمكانيات الوصول للشبكة حسب أماكن التواجد تحديا أمام تبني الحوسبة السحابية					
27	يعتبر الفصل الصحيح و الكامل بين الواجبات و الوظائف تحديا أمام تبني الحوسبة السحابية					
28	تعتبر إمكانية وصول الشخص المسؤول عن دعم الخدمة إلى البيانات تحديا أمام تبني الحوسبة السحابية					
29	تعتبر إمكانية الوصول إلى واجهة السحابة نفسها، سواء كان ذلك عن طريق متصفح الإنترنت أو التطبيقات الخاصة بالجهاز تحديا أمام تبني الحوسبة السحابية					

التحدي الخامس: التكامل (إمكانية تحقيق التوافق بين الخدمات الموجودة حاليا والخدمات المتوفرة سابقا)

الرقم	السؤال	أوافق بشدة	أوافق	أوافق إلى حد ما	لا أوافق	لا أوافق بشدة
30	تعتبر معايير الويب الدولية الموجودة حالياً تحدياً أمام تكامل تطبيقات الحوسبة السحابية					

					السؤال	الرقم
					يعتبر تدني مستوى التطبيقات السحابية مقارنة بمستوى تطبيقات سطح المكتب التقليدية تحديا أمام تكامل تطبيقات الحوسبة السحابية	31
					يعتبر دمج البيانات الشخصية مثل التقويمات، وقوائم الاتصال في برامج التطبيقات المتنوعة تحديا أمام تكامل تطبيقات الحوسبة السحابية	32
					يعتبر توحيد معلومات تسجيل الدخول (اسم المستخدم وكلمة المرور) لجميع التطبيقات الشخصية المتنوعة تحديا أمام تكامل تطبيقات الحوسبة السحابية	33

الجزء الثالث : المتغير التابع (خدمات الحكومة الإلكترونية)

العبارات التالية تتعلق برأيك في خدمات الحكومة الإلكترونية ضع إشارة (×) في المستوى الذي يناسبك أمام كل فقرة.

أولا : الفائدة من استخدام خدمات الحكومة الإلكترونية (المنفعة المتحققة من استخدام الخدمات الإلكترونية)

لا أوافق بشدة	لا أوافق	أوافق إلى حد ما	أوافق	أوافق بشدة	السؤال	الرقم
					زادت كفاءة تدفق العمل في الدوائر والمؤسسات الحكومية مع استخدام خدمات الحكومة الإلكترونية	1
					أصبحت المعاملات الحكومية أقل استخداما للأوراق مع استخدام خدمات الحكومة الإلكترونية	2
					أصبحت المعاملات الحكومية أقل تكلفة وأكثر اختصار للمواصلات والاتصالات مع استخدام خدمات الحكومة الإلكترونية	3
					اختصر استخدام خدمات الحكومة الإلكترونية الانتظار في الطوابير لتحصيل ما أريد من خدمات الحكومة	4
					ساهم استخدام خدمات الحكومة الإلكترونية في تحقق المزيد من الشفافية وتحجيم الفساد	5

لا أوافق بشدة	لا أوافق	أوافق إلى حد ما	أوافق	أوافق بشدة	السؤال	الرقم
					توجد سهولة في الوصول الى المعلومات من خلال مواقع الحكومة الإلكترونية	6
					يقل معدل الوقت الذي تحتاجه لوصولك إلى المعلومة عند بحثك في المواقع الحكومة الإلكترونية مقارنة بالمراجعة الشخصية	7
					يقل معدل الوقت الذي تحتاجه لاتمام طلب الخدمة عبر المواقع الحكومة الإلكترونية مقارنة بالمراجعة الشخصية	8
					توجد سرعة في الاستجابة للخدمات الحكومية عبر مواقع الحكومة الإلكترونية	9
					توجد إمكانية للوصول إلى الخدمات الحكومية الإلكترونية في كل وقت 24\7	10

ثالثا : التفاعلية (تفاعل المستخدم مع الخدمة ومدى سهولة الاستخدام وكفاءة واستجابة النظام)

لا أوافق بشدة	لا أوافق	أوافق إلى حد ما	أوافق	أوافق بشدة	السؤال	الرقم
					يتم تحديث المعلومة عبر مواقع الحكومة الإلكترونية بشكل فوري	11
					الرسائل الموجهة للمستخدم وافية لاستكمال الخدمة الإلكترونية	12
					الدعم الفني متوفر لمستخدمي الخدمات الإلكترونية 24/7	13
					يوفر الموقع الإلكتروني منطقة مفعلة للشكاوي والاقتراحات	14
					التغذية الراجعة المستخدمة في مواقع الحكومة الإلكترونية جيدة وتكشف عن نقاط ضعف الخدمات المتوافرة حاليا	15

لا أوافق بشدة	لا أوافق	أوافق إلى حد ما	أوافق	أوافق بشدة	السؤال	الرقم
					تحمي تفاعلية النظام المستخدم من إمكانية الاختراق ودخول غير المخولين	16

رابعا : التخصيص و المرونة (القدرة على التفاعل مع المستخدم بما يتناسب مع حاجاته وفق بياناته الأولية)

لا أوافق بشدة	لا أوافق	أوافق إلى حد ما	أوافق	أوافق بشدة	السؤال	الرقم
					سهولة التعامل مع واجهة المستخدم في مواقع الحكومة الإلكترونية	17
					تعتبر نوافذ خدمات الحكومة الإلكترونية مخصصة حسب البيانات الأولية للمستخدم	18
					تقلّل عملية تخصيص الواجهات حسب هويّة المستخدم من إمكانية الاختراق ودخول غير المخولين	19
					توجد مرونة في تدفق البيانات عبر مواقع الخدمة في الحكومة الإلكترونية	20
					يعتبر التعامل مع الخدمات الإلكترونية أكثر مرونة من التعاملات الشخصية في المؤسسات الحكومية	21
					توجد إمكانية لاستكمال اجراءات الخدمة الإلكترونية في أي مرحلة في حال توقفها لأي سبب من الأسباب	22
					توجد مرونة في استخدام الخدمة الإلكترونية في أي وقت ومن أي مكان	23

شكراً لمساهمتكم

جامعة البلقاء التطبيقية

كلية الدراسات العليا

AI-BALQA' APPLIED UNIVERSITY
Faculty of Graduate Studies

Questionário

Saudações

O objetivo deste questionário é recolher os dados disponíveis necessários para realizar um estudo intitulado:

"A influência dos desafios da adoção da computação em nuvem nos serviços de governo eletrónico na Jordânia"

Este estudo é realizado como requisito parcial para a obtenção do grau de Master of Science in Business Administration - e-Business track - na Balqa Applied University - Amman University College.

Solicita-se que leia atentamente todos os parágrafos e responda objetivamente a cada um deles.

Note-se que todos os dados serão tratados com elevada confidencialidade, de modo a serem conservados de forma a não revelarem a identidade do participante e a serem utilizados apenas para avaliar o trabalho de investigação.

Investigador: Eng. Ayat Salem

correio eletrónico: ayat.salem.1986@gmail.com

والله الموفق

O questionário é composto por três partes

• A primeira parte: consiste em dados pessoais, assinale com (x) a resposta mais adequada.

• A segunda parte: consiste em (33) parágrafos utilizados para recolher dados sobre a variável independente do estudo (Desafios da Adoção do Computador em Nuvem). Assinale com (x) a resposta mais adequada.

• A terceira parte: consiste em (23) parágrafos utilizados para recolher dados sobre a variável dependente do estudo (serviços de administração pública em linha). Assinale com (x) a opção mais adequada

responder.

Muito obrigado pela vossa corporação

First Part: Personal Data

Gender: Male ☐   Female ☐

Qualifications:

High School ☐   Diploma ☐

B.Sc ☐   M.Sc ☐

Ph.D ☐

Age:

20-29 ☐   30-39 ☐

40-49 ☐   50-59 ☐

Over 60 ☐

Years of Experience:

Less than 6 ☐   6-10 ☐

11-15 ☐   Over 16 ☐

Segunda parte: Variáveis independentes (desafios da computação em nuvem)

- As afirmações que se seguem reflectem a sua opinião sobre os desafios que se colocam à computação em nuvem (segurança e privacidade, qualidade do serviço, disponibilidade, acessibilidade e integração).

Assinale com (x) a afirmação mais adequada

Primeiro desafio: segurança e privacidade						
Não	Declaração	Concordo plenamente	De acordo	Concordo até certo ponto	discordar	Discordo totalmente
1	A obsessão de preservar a segurança dos dados é considerada um desafio para a adoção da computação em nuvem					
2	O baixo nível de preservação da segurança dos dados é considerado um desafio à adoção da computação em nuvem					
3	A computação em nuvem não impede que os dados sensíveis sejam divulgados a pessoas não autorizadas.					
4	A aplicação da computação em nuvem não preserva os direitos de autor e a propriedade intelectual					
5	Não existe qualquer controlo governamental sobre os dados quando se utiliza a computação em nuvem, uma vez que estes são transferidos para o prestador de serviços					
6	Não existe regulamentação suficiente para proteger os utilizadores de eventuais riscos quando utilizam a computação em nuvem.					
7	A utilização da computação em nuvem não preserva os dados de possíveis sobreposições entre os utilizadores					
8	A utilização da computação em nuvem não impede que os dados sejam encriptados pelos métodos de encriptação mais					

Não	Declaração					
	avançados					
9	A utilização da computação em nuvem não impede que os dados sejam transferidos de forma segura de um sítio para outro.					
10	A utilização da computação em nuvem não preserva a total confidencialidade de todos os tipos de dados					
11	A utilização da computação em nuvem não garante a segurança suficiente de todos os instrumentos e equipamentos utilizados.					
12	A utilização da computação em nuvem não preserva a conformidade com os regulamentos de entrada completos e documentados que podem ser consultados quando necessário.					

Segundo desafio: qualidade do serviço

Não	Declaração	Concordo plenamente	De acordo	Concordo até certo ponto	discordar	Discordo totalmente
13	A preservação de um acordo sobre a qualidade do serviço é considerada um desafio para a adoção da computação em nuvem					
14	A possível perda de alguns serviços de dados é considerada um desafio à adoção da computação em nuvem					
15	A preservação dos direitos de receber notas e da liberdade de seleção de alterações é considerada um desafio para a adoção da computação em nuvem					
16	A preservação dos direitos de conhecer antecipadamente as restrições técnicas e os requisitos dos serviços é considerada um desafio para a adoção da computação em					

Não	Declaração	Concordo plenamente	De acordo	Concordo até certo ponto	discordar	Discordo totalmente
	nuvem					
17	A preservação dos direitos de conhecer os requisitos legais no país do prestador de serviços é considerada um desafio para a adoção da computação em nuvem					
18	A preservação dos direitos de conhecer os procedimentos e a política do processo de segurança é considerada um desafio para a adoção da computação em nuvem					
19	A preservação da competência para o serviço eletrónico é considerada um desafio para a adoção da computação em nuvem					
Terceiro desafio: disponibilidade						
Não	Declaração	Concordo plenamente	De acordo	Concordo até certo ponto	discordar	Discordo totalmente
20	As fracas capacidades técnicas de ligação à Internet são consideradas um desafio para a adoção da computação em nuvem					
21	A falta de sistemas de tecnologia da informação disponíveis a nível governamental é considerada um desafio para a adoção da computação em nuvem					
22	O fraco papel do governo na prestação do serviço é considerado um desafio à adoção da computação em nuvem					
23	As fracas capacidades para fornecer dados de base a todos os utilizadores em tempo real As fracas capacidades para fornecer dados de base a todos os utilizadores em tempo real são consideradas um desafio para a adoção da computação em nuvem					
24	A fraca capacidade de fornecer dados de base a todos os utilizadores a partir de					

Não	Declaração	Concordo plenamente	De acordo	Concordo até certo ponto	discordar	Discordo totalmente
	qualquer instrumento A fraca capacidade de fornecer dados de base a todos os utilizadores em tempo real é considerada um desafio para a adoção da computação em nuvem					
Quarto desafio: acessibilidade						
Não	Declaração	Concordo plenamente	De acordo	Concordo até certo ponto	discordar	Discordo totalmente
25	A capacidade de acesso contínuo em caso de perda súbita de ligação é considerada um desafio para a adoção da computação em nuvem					
26	A capacidade variável de ligação à rede em função da localização é considerada um desafio para a adoção da computação em nuvem					
27	A distinção adequada e completa entre deveres e empregos é considerada um desafio para a adoção da computação em nuvem					
28	A capacidade de chegar ao suporte técnico responsável pelos dados é considerada um desafio para a adoção da computação em nuvem					
29	A capacidade de aceder à própria interface da nuvem, quer através do navegador quer através das aplicações dos instrumentos, é considerada um desafio para a adoção da computação em nuvem					
Quinto desafio: Integração						
Não	Declaração	Concordo plenamente	De acordo	Concordo até certo ponto	discordar	Discordo totalmente

30	Os actuais critérios internacionais disponíveis para a Web são considerados como desafios para a integração de aplicações de computação em nuvem					
31	Os baixos padrões das aplicações de computação em nuvem, em comparação com as aplicações tradicionais de ambiente de trabalho, são considerados um desafio à integração das aplicações de computação em nuvem					
32	A fusão de dados pessoais, como calendários e listas de contactos, em diferentes programas de aplicação é considerada um desafio à integração de aplicações de computação em nuvem					
33	A consolidação do registo de entrada (nome de utilizador e palavra-passe) para todas as diferentes aplicações pessoais é considerada um desafio à integração da aplicação de computação em nuvem					

Terceira parte: Variável dependente (serviços de administração pública eletrónica)

- As seguintes afirmações reflectem a sua opinião sobre os serviços de administração pública em linha. Assinale com (x) a afirmação mais adequada

Vantagem da utilização					
Não	Declaração	Concordo plenamente	Concordo	Concordo até certo ponto	discordar	Discordo totalmente
1	Com a utilização de serviços governamentais electrónicos em estabelecimentos e departamentos governamentais, o fluxo de trabalho tornou-se mais eficiente					
2	Com a utilização de serviços governamentais electrónicos, as transacções governamentais					

	consomem menos papel					
3	Com a utilização de serviços governamentais electrónicos, as transacções governamentais têm custos mais baixos e consomem menos transportes e comunicações.					
4	Com a utilização de serviços governamentais electrónicos, as filas de espera para obter o que preciso dos serviços governamentais são mais curtas					
5	a utilização de serviços governamentais electrónicos contribui para o aumento da transparência e para a redução da corrupção					
Facilidade de acesso						
Não	Declaração	Concordo plenamente	Concordo	Concordo até certo ponto	discordar	Discordo totalmente
6	Facilidade de acesso à informação através de sítios electrónicos governamentais					
7	Em média, o tempo necessário para obter informações através de sítios electrónicos governamentais é inferior ao consumido para obter informações pessoalmente.					
8	Em média, o tempo necessário para concluir um pedido de serviço através de sítios electrónicos governamentais é inferior ao tempo consumido para obter um serviço pessoalmente.					
9	A resposta aos serviços governamentais através dos sítios electrónicos governamentais é rápida.					
10	Os serviços governamentais podem ser contactados em qualquer altura.					
Interatividade						

Não	Declaração	Concordo plenamente	Concordo	Concordo até certo ponto	discordar	Discordo totalmente
11	As informações são actualizadas instantaneamente através dos sítios electrónicos governamentais.					
12	O correio eletrónico enviado ao prestador de serviços é suficiente para obter o serviço eletrónico.					
13	O apoio técnico aos serviços electrónicos dos utilizadores está disponível 7/24					
14	O sítio eletrónico proporciona um espaço ativo para sugestões e reclamações					
15	As reacções nos sítios electrónicos governamentais são boas e fazem prevalecer os pontos fracos dos serviços atualmente disponíveis					
16	A interatividade do sistema utilizado impede que os utilizadores sejam pirateados e a entrada de utilizadores não autorizados					
Personalização e flexibilidade						
Não	Declaração	Concordo plenamente	De acordo	Concordo até certo ponto	discordar	Discordo totalmente
17	É fácil interagir com a interface do utilizador nos sítios electrónicos governamentais					
18	Janelas de serviços governamentais As janelas governamentais são consideradas classificadas de acordo com os dados primários do utilizador					
19	O processo de interface do utilizador de acordo com a identidade do utilizador diminui a capacidade de pirataria e de					

	pessoas não autorizadas.					
20	Existe flexibilidade no fluxo de informação através dos sítios dos serviços governamentais					
21	A interação através dos serviços electrónicos é considerada mais					
	flexíveis do que os pessoais no departamento governamental					
22	É possível terminar os procedimentos dos serviços electrónicos em qualquer fase, caso estes fiquem indisponíveis por qualquer motivo					
23	Existe flexibilidade na utilização de serviços electrónicos a qualquer hora e em qualquer lugar					

A sua contribuição é muito apreciada

Apêndice C

Lista de ministérios e instituições governamentais seleccionados que adoptaram a computação em nuvem na Jordânia até setembro de 2016

Não.	Ministério/Instituição governamental	# N.º de funcionários do e-gov	Instituição Data de criação	Data de criação dos e-Serviços
1	Ministério da Saúde	10	14/12/1950 (www.moh. gov.jo)	2008
2	Ministério do Ensino Superior e da Investigação Científica	6	1985 (www.mohe.gov.jo)	2001
3	Ministério da Indústria e do Comércio	10	30/ 1/ 1952 (www.mit.gov.jo)	2009
4	Ministério das Tecnologias da Informação e da Comunicação	30	1999 (www.moict.gov.jo)	2001
5	Centro Nacional de Tecnologias da Informação	27	1999 (www.nitc.gov.jo)	2001
6	Ministério do Interior	15	1921 (www.moi. gov.jo)	2003
7	Serviço do Estado Civil e dos Passaportes	28	1921 (www.cspd.gov.jo)	2003
8	Ministério da Justiça	10	11/4/1921 (www.moj.gov.jo)	2008
9	O Senado	7	20/10/1947 (www.senate.jo)	2008
10	Município da Grande Amã	13	1950 (www.ammancity.go v-Jo)	2005
11	Fundo do Rei Abdullah II para o Desenvolvimento (KAFD)	2	06/12/2001 (www.kafd.Jo)	2004
12	Centro de Cancro Rei Hussein (KHCC)	5	1997 (www.khcc.Jo)	2008
	Totais	163		

ملخص

تأثير تحديات تبني الحوسبة السحابية على خدمات الحكومة الإلكترونية في الأردن

إن تطبيق الخدمات الحكومية الإلكترونية في الأردن باستخدام تكنولوجيا الحوسبة السحابية لا تزال في مهدها فقد تبنت الحكومة الإلكترونية استراتيجية العمل بالحوسبة السحابية منذ عام 2014 وبدأت بتنفيذها وتهدف إلى تعميمها في (90) وزارة ومؤسسة حكومية معتمدة على واجهة السحابة (البنية التحتية كخدمة) وذلك بالتعاون بين وزارة الاتصالات وتكنولوجيا المعلومات بالاشتراك مع شركة مايكروسوف في الأردن وذلك لتقليل الكلفة المادية المترتبة على إعداد البنى التحتية والمعدات في المؤسسات الحكومية ؛ لذلك قامت الباحثة بدراسة التحديات المواجهة لتبني هذه التكنولوجيا.

تهدف هذه الدراسة إلى فهم وتحليل التحديات التي تواجه تبني الحوسبة السحابية وأثرها على خدمات الحكومة الإلكترونية في الأردن. ولتحقيق ذلك، طورت الباحثة نموذجا لدراسة تأثير تحديات تبني الحوسبة السحابية التي تمثل المتغير المستقل متمثلا في خمسة أبعاد رئيسية (الأمن والخصوصية، وجودة الخدمة، وسهولة الوصول، والتوافر والتكامل) وأثرها على خدمات الحكومة الإلكترونية التي تمثل المتغير التابع متمثلا في أربعة أبعاد (فائدة الاستخدام، وسهولة الوصول والتفاعل والتخصيص والمرونة). وعلى أهمية موضوع البحث، لم يتناول أي بحث سابق على المستوى المحلى تأثير تحديات تبني الحوسبة السحابية على خدمات الحكومة الإلكترونية في الأردن.

قامت الباحثة باستخدام المنهج الكمي لعمل دراسة ميداينة بطريقة المسح الشامل وذلك في اثنتي عشرة وزارة ومؤسسة حكومية بدأ العمل فيهن ضمن المرحلة الأولى لمشروع تبني الحوسبة السحابية وتم توزيع استبانة تتضمن مجموعة من الأسئلة عددها (56) وكانت في تسعة أجزاء رئيسية تهدف إلى فهم التحديات التي تواجه تبني الحوسبة السحابية وأثرها على خدمات الحكومة الإلكترونية وأثر الاختلافات النوعية على التعامل مع هذه الخدمات داخل المجتمع الأردني.شملت الدراسة جميع الأفراد في الاثنتي عشرة مؤسسة حكومية و هم المعنيين بالتعامل مع خدمات الحكومة الإلكترونية في الأردن من مدراء في الإدارة العليا والوسطى والموظفين التقنيين والذي بلغ عددهم (163) وتم ارجاع (98) استبانة منهم صالحة للتحليل والدراسة.استخدمت الباحثة برنامج الحزمة الإحصائية للعلوم الاجتماعية (SPSS) لتحليل البيانات التي تم تجميعها.

أظهرت نتائج الدراسة أن التحديات التي تواجه تبني الحوسبة السحابية غير معيقة لاستخدام وتحسين خدمات الحكومة الإلكترونية وأن أثرها كان يتمركز حول إمكانية إحداث التكامل بين تطبيقات الحوسبة السحابية الحديثة والتطبيقات الموجودة منذ بدء تنفيذ الحكومة الإلكترونية في الأردن وإمكانية ترحيل البيانات وتكلفة هذه العملية عندما سيتم التنفيذ تماما في جميع المؤسسات الحكومية.ذلك وأن التحديات الأخرى مثل الأمن والخصوصية، وجودة الخدمة، وسهولة الوصول، والتوافر تؤثر على تبني الحوسبة السحابية ولكن تمكنت الحكومة الالكترونية من تخطي هذه العقبات لأنها ظهرت ضمن المراحل الأولى لتطبيق الحكومة الإلكترونية.

More
Books!

yes
I want morebooks!

Buy your books fast and straightforward online - at one of world's fastest growing online book stores! Environmentally sound due to Print-on-Demand technologies.

Buy your books online at
www.morebooks.shop

Compre os seus livros mais rápido e diretamente na internet, em uma das livrarias on-line com o maior crescimento no mundo! Produção que protege o meio ambiente através das tecnologias de impressão sob demanda.

Compre os seus livros on-line em
www.morebooks.shop

info@omniscriptum.com
www.omniscriptum.com
OMNIScriptum

Printed by Books on Demand GmbH, Norderstedt / Germany